一点
一形

艺术人生系列

Hokusai

葛饰北斋

〔意〕弗朗切斯科·莫雷纳 著
邵静怡 译

陕西新华出版传媒集团
太 白 文 艺 出 版 社

图书在版编目（CIP）数据

葛饰北斋 /（意）弗朗切斯科·莫雷纳著；邵静怡译 .— 西安：太白文艺出版社，2018.3
（艺术人生）
ISBN 978-7-5513-1392-6

Ⅰ.①葛… Ⅱ.①弗… ②邵… Ⅲ.①葛饰北斋（Katsushika Hokusai 1760-1840）—生平事迹 Ⅳ.①K833.135.72

中国版本图书馆 CIP 数据核字（2017）第 303762 号

For the original edition
Original title: "Hokusai" by Francesco Morena

著作权合同登记号　图字：25-2018-005 号

艺术人生
葛饰北斋
GESHIBEIZHAI

作　　者	〔意〕弗朗切斯科·莫雷纳
译　　者	邵静怡
责任编辑	王婧姝
特约编辑	谭秀丽　王　锦
整体设计	Metis 灵动视线
出版发行	陕西新华出版传媒集团 太白文艺出版社（西安北大街 147 号　710003） 太白文艺出版社发行：029-87277748
经　　销	新华书店
印　　刷	北京旭丰源印刷技术有限公司
开　　本	787mm×1092mm　1/16
字　　数	31 千字
印　　张	10
版　　次	2018 年 3 月第 1 版　2018 年 3 月第 1 次印刷
书　　号	ISBN 978-7-5513-1392-6
定　　价	72.80 元

目　录

◀ **上野东叡山中堂之图**（1786）
局部
纽约，布鲁克林博物馆

1760—1793

求索之年 才华初显

初识木版雕刻艺术

日本浮世绘巨匠葛饰北斋一生佳作无数，浮世绘、卷轴、肉笔画、漫画等各种题材，他无不涉及。冥冥之中，这位“画狂人”近乎痴狂的创作热情似乎一直驱使着他不停地创作。本书正文中提到的作品以及选用的插图仅仅是大师一生创作中的冰山一角。若要理解他的作品，自然要先从其生平入手。

葛饰北斋生于1760年10月31日，江户（今日本东京）本所（葛饰郡，因此这位浮世绘巨匠使用“葛饰北斋”作为他的艺名）、隅田川流过的东郊。幼年时期，其本名为时太郎。他的身世一直是个谜。葛饰北斋的童年时光是在德川幕府（1603年至1868年间，日本中央集权的幕府统治时代，史称德川幕府或江户幕府）御用镜师中岛伊势家度过的。有传言说葛饰北斋是被中岛伊势收养的，也有传言称他是中岛伊势的私生子，这大概也是他并没有像当时大部分人一样子承父业的原因。

若收养一说为实，葛饰北斋父母的真实身份就显得更加神秘了。不过，也有人猜测他的生父是川村一郎右卫门，也是一位艺术家，人称“文政”。即使有葛饰北斋安放在原东京誓教寺的墓碑上所刻的“川村”这一姓氏为证，目前仍无法确定其生父的真实身份。

葛饰北斋的养母、中岛伊势之妻出身于武士家族，是小林平八郎的女儿。而小林平八郎是吉良上野介家家臣，也是歌舞伎剧目《忠臣藏》（江户时代元禄赤穗事件）的主角之一。

“赤穗事件”在日本是家喻户晓的故事，更是歌舞伎剧目《忠臣藏》的蓝本，讲述的是赤穗藩家臣四十七浪士为主君报仇而献身的事。葛饰北斋在 1790 年也创作过与《忠臣藏》相关的插画，后来还根据此题材创作出其他类型的作品。因此，关于他不愿挑战“赤穗事件”这一题材，是他本人与该事件关系紧密的传言就显得毫无根据了。

步入少年时代的葛饰北斋，一度改名为“时太郎铁藏”。年轻的他在江户一家租书店当伙计，这段经历让葛饰北斋有机会接触到大量书籍，在很大程度上丰富了他的知识与阅历，加深了他对日本传统文化的理解。

之后不久，刚满 14 岁的葛饰北斋开始在某位雕刻师傅手下干活，学习木版雕刻。年轻的他手艺日益精湛，天分初显。1775 年，见习一年之后他就已经开始独立工作，其中的作品就包括洒落本（日本古代小说中一种流行于江户时代的青楼文学）的文字雕刻。葛饰北斋的这份雕刻工作不仅为他后来的版画创作打下了基础，也让他向画师的生涯又迈进了一步。其中，歌舞升平的吉原（浮世绘所描绘的主题之一）成为葛饰北斋创作灵感的来源之一。葛饰北斋凭借高超的雕刻技术逐渐受到关注，开始向合作的出版商表达自己对作品的偏好和理解。

就这样，年少的葛饰北斋拉开了其求索艺术的帷幕。

演员二代目市川高丽藏与四代目松本幸四郎（1791）▶
双联画
东京，银座博物馆

春朗画

春朗画

改变姓名

“画狂老人卍”（葛饰北斋为自己起的众多名号之一）曾向世人许下愿望：“我从小酷爱模画事物的形态，50 岁时我还在频繁发表画作，但在我人生最初的七十年里创作的作品都不值得一提。直到 73 岁时，我初悟事物之真谛、鸟兽鱼虫之本质、花木草本之存在，故 86 岁时我才能实现艺术上的真正突破。90 岁时，我仍将继续追求世间的奥义。这样一来，或许到百岁时，我就能理解仙境的美妙之处。而等我到百岁之上时，笔下的一点一线都将拥有它们的生命。若要让我许下愿望，我只希望托那些有幸长命百岁的诸位，帮我见证，我能否在有生之年兑现我的承诺。”葛饰北斋在其出版的绘本《富岳百景·初编》（1834—1835）的跋文中如是写道。

自画像（？）暮年
（约 1842）
巴黎，卢浮宫博物馆

葛饰北斋写下了以上一段朴素的自我阐述，明确点出自己漫长艺术生涯中每个重要的时间节点。虽已年逾古稀，这位画狂老人并不介意放下身段，冷静地直面走过的每一步，这是他对学术的不懈追求，也是他仍然在用笔与墨追求至臻的美与真实及人生秘境的证明。葛饰北斋的人生哲学与艺术理念都与他的佛教信仰息息相关。此外，一生都带着年轻时所具有的手工艺人淳朴气质的他，多次公开表示手工艺术将永远是他的归宿。他对于信仰的虔诚也是到了无人不知、无人不晓的程度，其名“北斋”就取自“北极星”。自 1796 年起，作品便开始用“北斋”署名，以表对北神化身的北辰妙见菩萨的敬意。北神是日莲在 13 世纪创立的日莲宗的神祇，葛饰北斋是日莲宗热忱的信徒。

日本人自古就有改名换姓的习惯，不光文人雅士和著名的艺术家们如此，各个领域中越是出名的人，改名越频繁。

名号的改变记录着人生的重大变化，在“画狂人”的一生中，他数次改名，每次改变都标志着其风格及思想的转变。改名这一习惯虽然在一定程度上造成了某些画作归属不明的问题，却是专家学者研究历史上诸多艺术家风格转变的一个依据。

春朗时期

1778年对于葛饰北斋来说意义非凡，因为这一年他进入胜川春章（1726—1792）的门下，开始学习绘画。胜川春章是日本当时最引人瞩目的绘画流派——浮世绘的重要代表人物之一。浮世绘，即描绘世间风情的画作。

胜川春章和他的弟子们主要画役者绘，即以歌舞伎演员、舞台、道具等为内容的绘画，尤其是真实再现演员形象的似颜绘的肖像画。胜川派笔下的主人公早已不是日本早期传统绘画中理想化的死板形象，他们更注重灵活而巧妙地呈现人物的特征。葛饰北斋入门学习仅一年，就深受赏识。此时，胜川春章已经允许他使用“春朗”这一名号发表作品。春朗，顾名思义，即“春日的光芒”，其中“春”字就表示葛饰北斋属于胜川派；而将名号的其中一字赐予学生，这表明了胜川春章作为师长给予弟子的最高赞誉与信任。

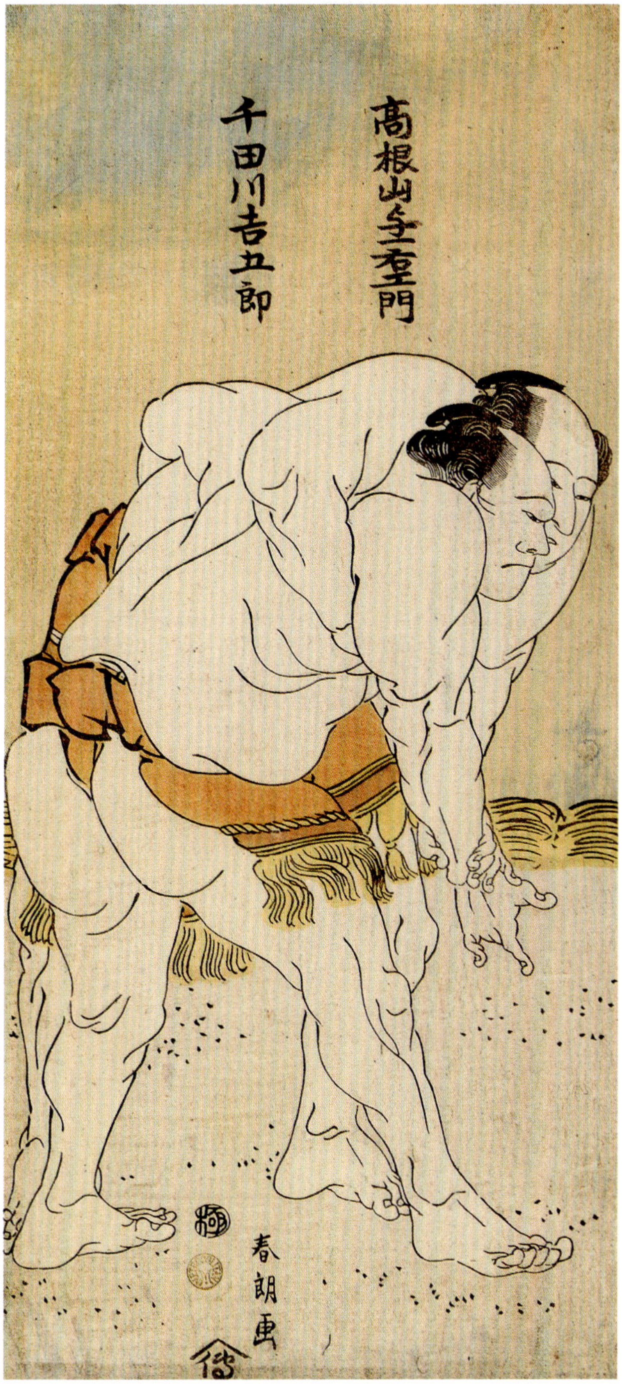

相扑选手高根山右一工门和千田川吉五郎（1788）
纽约，大都会艺术博物馆

目黑恋人之墓（1780）
巴黎，国家图书馆

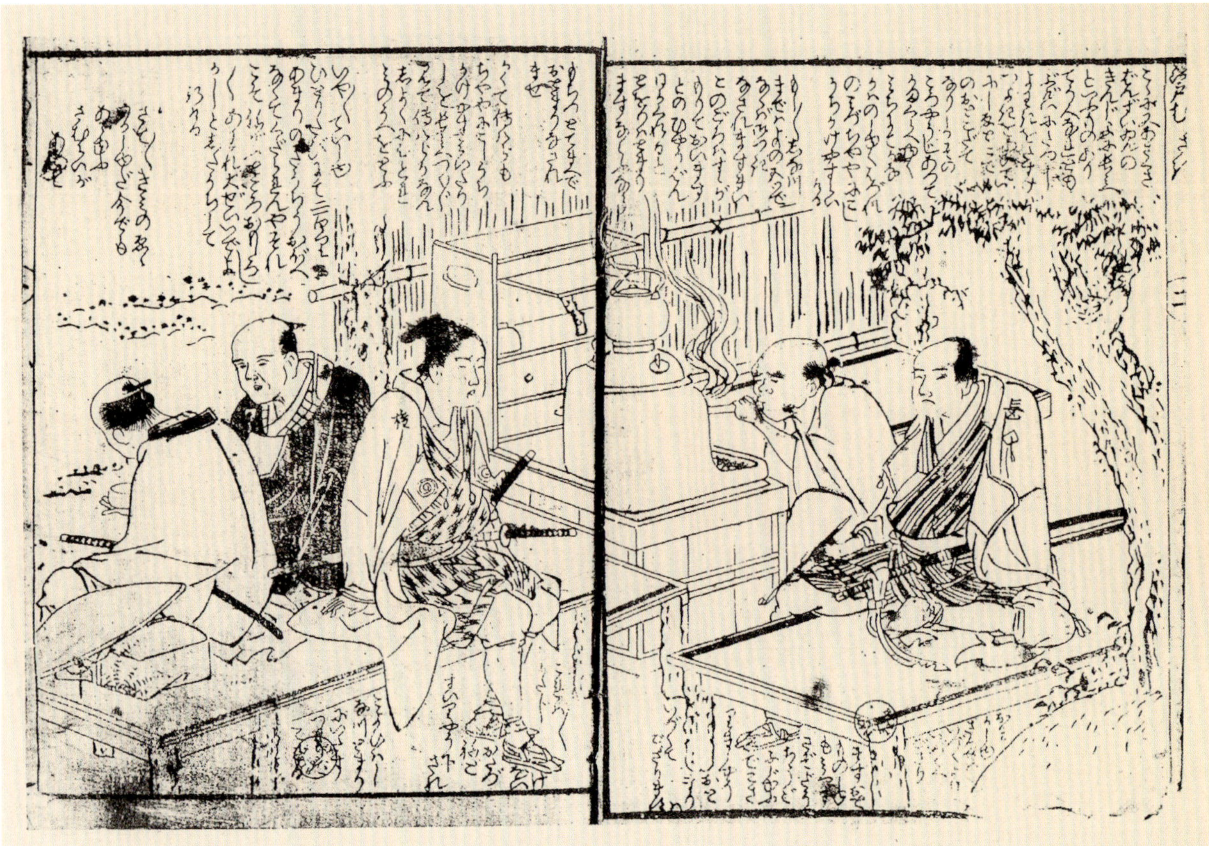

葛饰北斋最初的印刷版画创作于 1779 年 8 月，主要是描绘歌舞伎剧中的场景，同时他也为黄表纸（即当时流行于日本的一种叙事性文学体裁）画插图，为封面填色。其中最早的一本可以追溯到 1780 年的《目黑恋人之墓》——一部讲述一对爱侣之间坎坷情路的小说。葛饰北斋早期的这些插画作品不乏活力，却带着些许青涩，主要是由于他当时的创作受限于文字的内容。

演员四代目市川海老藏与三代目坂田半五郎
（1791）▶
双联画
东京，国立博物馆

春朗画

春朗画

随着时间的推移，葛饰北斋在胜川春章画室的地位也愈发重要。在委托不断增加的同时，一系列的不幸也降临胜川春章画室。同门胜川春英外迁去了大阪、1787年春常过世以及1790年最具天赋的弟子之一春好瘫痪，这些事无疑加重了年轻的葛饰北斋的负担，也使年迈的胜川春章老师不得不放弃他晚年专注追求的个人美术事业重回画室，以完成与出版商协定好的工作。

葛饰北斋在这一时期（直至1793年）的作品常常被划为春朗时期。在这一时期的作品中，不难看出他对老师胜川春章怀有的责任感与敬意，比如1791年的演员二代目市川高丽藏与四代目松本幸四郎的肖像画以及四代目海老藏与三代目坂田半五郎的肖像画，都明显带有胜川画派的风格：固定的姿态、特意选在剧情冲突之处描绘演员的面部表情（这样的关键瞬间在日语中被称为mie）以及较为僵硬的细节的环境描绘。这些特征在葛饰北斋同时期发表的印刷版画中表现出来，其中有他以传统方式描绘的日本神话中力大无比的金太郎与野兽以及1788年的两位相扑选手图。在这些画作中，人物戏剧性的静态姿势和他所作歌舞伎役者绘的风格不无相似，都带有胜川派的明显特征。

初出茅庐的葛饰北斋对于不同风格与新鲜事物的态度十分开放，这使年轻的他在百花齐放的18世纪90年代初，得以融合各种迥异的风格，为他在接下来的几年里达到艺术生涯的巅峰奠定了基础。

五代目市川团十郎（1777）▶
局部
芝加哥，艺术博物馆，克拉伦斯·贝克汉姆收藏

春章画

葛饰北斋所处的日本

金太郎与野兽（约 1788）
柏林，国家博物馆，普鲁士文化遗产基金会-东亚艺术博物馆

葛饰北斋（1760—1849）生活在德川幕府统治时期，即江户时代。江户是当时日本的首都，今天的东京。江户时代这个漫长的历史时期始于1603年，这一年德川家康在关原之役中打败敌军，就任大将军。在接下来短短几年的时间里，德川家康将剩余敌对势力一扫而清，掌握大权，统一日本，并实行一国一城令和武家诸法度等政策，以维持国家稳定。原本是一座小村落的江户，在16世纪末期德川家康入封关东、定居此城时得以扩建。而后江户代替古都京都被提升为一国之首府，成为天皇的居所，如今它仍是日本绝对的政治和经济中心。江户的人口由于政策的支持和鼓励，由原先的寥寥几千人增长至几百万人。

德川家康开启了日本的幕府统治时代，大将军之位就此在德川家代代相传。这样的武家政治一直持续至1868年，长达两个半世纪之久。在这段时间里，日本社会进入相对稳定的状态，经济上也得到了发展。虽然采取闭关锁国政策，但当时的日本也能自给自足。在17世纪初期，除了将荷兰人和中国人移至出岛（长崎港内的一座人工岛）以外，德川幕府驱逐了日本国内所有的外国人。当时的幕府出于禁止基督教在境内传播的考虑，实行了严格的禁外政策。

葡萄牙人是16世纪中期最早一批到达日本的西方人，随后而来的是西班牙人、荷兰人和英国人。这些初来乍到的异乡人来到此地，最初的目的无非是与日本建立贸易往来、传播基督教福音。最早一批到来的西方人无论在生意上还是在传教上都大获成功。当时众多日本人成为亚洲最虔诚的一批基督教教徒，然而这一切都在1637年冬天的岛原之乱后画上了句点。当时岛原和天草的人民由于反对幕府进行宗教迫害的残暴统治，爆发了农民起义。德川幕府随即派武力镇压，杀死了许多起义的日本基督教教徒和外国人，基督教在日本的传播就这样告一段落。

不过，德川幕府为当时的日本带来了和平是不争的事实，市民的生活质量也得到了提高。然而武士们的日子就没那么好过了，武家诸法度大大削弱了武士阶层的力量。相比较之下，工商业则得到了发展壮大。江户及日本其他重要的城市——大阪、京都等日渐繁荣，市民们的休闲娱乐活动也日渐丰富起来。从法律界限模糊的艺伎到歌舞文化，从相扑到文学艺术，江户时期的市民文化可以称得上是百卉千葩了。

与佛教净土“浮世”一词相反者即“忧世”(Ukiyo)。随着江户地区平民文化的兴盛、佛教理念的世俗化以及人们乐于追逐现世享乐，忧世渐渐被明快的浮世所取代。用浮世绘这一词来描述当时五光十色的日本市井万象的艺术再合适不过。一个新的艺术风格就这样随着它所处的社会潮流诞生了，时间与空间似乎凝固在浮世绘的线条与色彩中，它们并没有受到世间悲苦和丑恶的侵蚀，就这么安然无恙地展示着一个时代的风情。

不料，在1853年的一天，美国的佩里率领他的舰队驶入江户湾，除了大炮，他们还带着来自另一个世界的新鲜事物和文化。在如此的冲击下，日本人因这样残酷的方式而意识到了他们长期闭关锁国导致的落后。1868年，最后一位德川大将军不得不宣布“大政奉还”，大权全归天皇。明治天皇（1867—1912年在位）成为日本的精神领袖，至此日本得以接触到外部的世界。此时，葛饰北斋在他的人生中，感受到了18世纪中期繁荣的城市文化。然而在19世纪中期，随着社会的巨大变革，年已八十岁的“画狂人”不幸地经历了1837年的大饥荒。

元祖东都歌舞伎大芝居之图
（1788—1789）
整体与局部
伦敦，大英博物馆

浮绘与锦绘

歌川派的创始人——歌川丰春（1735—1814）是日本绘画界运用西洋透视法的先驱。在他之前的浮世绘，由于生硬而单一地运用传统透视画手法常常造成视点混乱。歌川丰春画中的形象生动得如同在纸上浮起一般，他所运用的立体视点掀起了画坛的浮绘风潮。葛饰北斋也正因为十分欣赏歌川丰春的作品，而对浮绘产生了浓厚的兴趣，逐渐理解其精髓，并在透视法运用上登峰造极。不论是风景画，还是室内画，葛饰北斋都留下了大量作品，比如《元祖东都歌舞伎大芝居之图》（1788—1789）。

这一时期，由于印刷技术的提高，版画逐渐脱离书籍插图的形式，成为一种独立的艺术形式，此时的版画在江户十分流行。1790 年前后，葛饰北斋接到来自荷兰的一位医生和一位船长的四幅画约，由于这位荷兰医生贪图便宜而试图讨价还价，葛饰北斋果断拒绝了医生的这两幅画约，只答应了船长。回到家，妻子听说此事后，便责怪葛饰北斋放着好好的生意不做，他回答："身为一个日本人，我不允许这些外国人觉得他们在日本就能为所欲为。我宁忍贫困之苦，也不愿在他们面前低三下四！"这句话也预示了葛饰北斋今后生活的拮据。尽管如此，"画狂人"还是不懈地追求着他的艺术事业，拒绝用主流的标签定义自己的风格，不惜与当时所谓的学

大入

上野东叡山中堂之图（1786）
纽约，布鲁克林美术馆

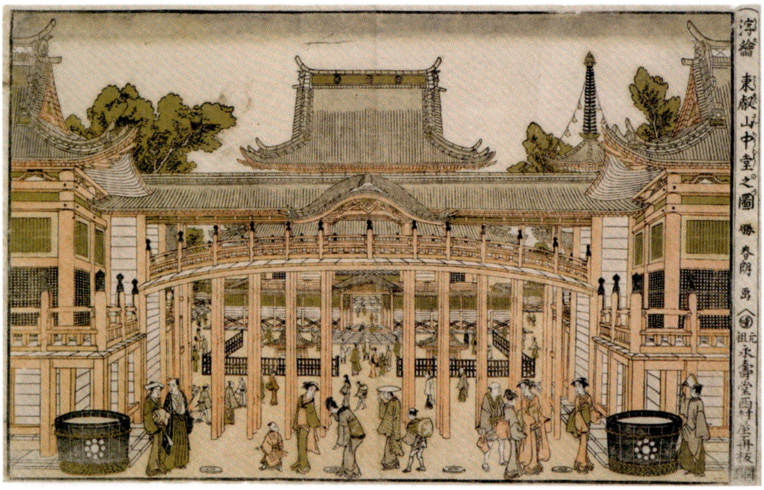

院画派分道扬镳。

即使在胜川春章画室的工作完全可以保证葛饰北斋拥有稳定的收入和生活，三十余岁的他还是毅然决定离开。这其实事出有因，葛饰北斋在晚年也曾多次提起。江户当时的小报上也有相关的记载，看似有些蹊跷，不过也不是完全没有根据。当时葛饰北斋接受了一个为画商创作店面招牌的委托，但是这幅作品却遭到了同为胜川春章弟子的春好贬低，春好甚至为了维护本门的名誉毁掉了该作品。从时间上来看，二人的争执一定发生在1790年之前，因为这一年春好不幸瘫痪。告别胜川派，对于性格刚烈的葛饰北斋来说，无疑是艺术生涯的分水岭，此时的他已经不能再抑制自己对风格创新的渴望。

在胜川春章画室的十几年（1778—1794）里，葛饰北斋用春朗这个名字创作了近二百三十幅锦绘、十幅未发表的印刷画以及为三十五本书籍画的多幅插图，其中甚至包括他自己创作的故事。葛饰北斋在春朗时期的作品明显带有尊师胜川春章的影子。不过在那个年代活跃的其他浮世绘大师对他也有着不可忽视的影响，鸟居派第四代继承人鸟居清长（1752—1815）就是其中之一，他尤擅长美人画。从葛饰北斋在春朗时期所画的役者绘就不难看出，他融合了鸟居清长美人画的手法。

1790年，葛饰北斋结识了不少江户的狂歌作家。狂歌，即由三十个音节组成的诗歌，风格幽默诙谐。葛饰北斋通过当时著名的出版业巨擘茑屋重三郎（1750—1797）的介绍，了解到了这种文学风潮，二人也因此开始了合作，后来葛饰北斋成为茑屋耕书堂下的画师。涉身于文人圈的葛饰北斋迎来了事业上的一个

两国桥夕凉花火见物之图
（约 1788—1789）
整体与局部
伦敦，大英博物馆

高峰，在接下来的十年里，他的私人委托非常多，因此他创作了许多精美的绘历、摺物等较为奢侈的艺术作品。

茑屋重三郎是日本浮世绘界举足轻重的人物，喜多川歌麿（1754？—1806）与东洲斋写乐（活跃于 1794 年至 1795 年间）都是其麾下的画师。与茑屋重三郎的相识自然成为葛饰北斋事业上的助力，在 18 世纪的最后十年，他们共同合作出版了一系列作品。后来这位出版界巨子的逝世，标志着浮世绘历史上最辉煌的时代的结束。

◀ **看望远镜的女人**（约 1798）
局部
山口县，县立萩美术馆・浦上纪念馆

1794—1797

塞翁失马 焉知非福

宗理时期

1794 年末，葛饰北斋与胜川派分道扬镳后，自然也抛弃了“春朗”一名，改名为宗理。同年，与葛饰北斋在 18 世纪 80 年代中期结为连理的第一任妻子去世，将三个尚年幼的孩子留给葛饰北斋一个人照顾。而后不久，他迎娶了第二任妻子，生下两个孩子。

随着葛饰北斋风格上的解放与转变，他成为琳派继承人之一，这也是他为何改名为宗理的原因。当时琳派的集大成者酒井抱一（活跃于 1764 年至 1780 年间）深受前辈俵屋宗达的启发（活跃于 17 世纪前半期）。俵屋宗达是大和绘复兴时期的重要人物。大和绘以日本的历史、文学故事、人物为主题，与唐绘（当时日本人对中国传统国画的称呼）对立，旨在摆脱唐朝对日本文化的影响。

葛饰北斋以俵屋宗理为名的创作始于 1795 年初，即在他接受琳派继承人这一重要的名号以后。从这一时期的作品中不仅能够明显地看到他在春朗时期遗留下来的“痕迹”，还能发现他在一定程度上也融合了其他画师的风格，比如喜多川歌麿（1754？—1806）。喜多川歌麿是江户著名的美人绘画师（活跃于 18 世纪末至 19 世纪初），他笔下女性修长的身形和脸形在葛饰北斋的作品中也能对应找到。这一阶段对葛饰北斋来说是忙碌而充实的，不仅各种画约不断，还与江户的各个文

人圈交往甚密，因此绘历、摺物等较为奢侈而精美的版画委托让他应接不暇。

为少数私人客户而特别创作的绘历、摺物有着精美绝伦的构图，这几乎成了葛饰北斋宗理时期作品的标志性特征。其风格与他之前的作品相比更加细腻，女性的身体失去了强烈的情色意味，即使有裸露的部分，也都被处理得淡雅而巧妙。

江岛春望（1797）
《柳之丝》系列
伦敦，大英博物馆

另外，值得一提的是，此时他将画与旁题诗句之间的处理变为一种将情感可视化的表现手法。一般来说，要辨别一幅摺物的主题绝非易事，因为即时性是这种艺术创作的一大特征。在与其相距两个世纪之久的今天，要想完全解读这些诗句自然困难重重。不过，葛饰北斋独立而自由不羁的灵魂，从来就不甘将创作和表达囿于文字的限制。因此他这一时期的作品则以隐晦的手法表达对诗句的理解，而非单刀直入、开门见山。

此外，这时的葛饰北斋已经开始了风景版画的创作，这一类型的创作给他之后的艺术生涯带来了巨大的成功。《柳之丝》系列中的《江岛春望》，作于1797年，画中已经出现了经典的北斋式景物，如富士山、浪花、树、人物。在表现手法上，可以明显地看出他受到司马江汉（1747年至1818年间江户时期以擅用西洋手法而闻名的艺术家）西洋画法的影响。江岛这一景色，司马江汉在他的画中也有过诠释。后来，这种“西洋画法”被葛饰北斋进一步发展。

司马江汉仅在1787年所作的

江岛春望（1797）
局部

梳妆的少女（约 1797）
伦敦，大英博物馆

《江岛风景》中使用了铜版雕刻技术，他接下来的几幅则都采用了西洋油画手法。这大概与司马江汉曾在长崎学习过一段时间有很大的关系，在那段日子里他接触到了当时西方的艺术。（当时试图与日本建立经济合作的荷兰人在日本政府的限制下，只能停留在长崎的出岛。）司马江汉想方设法地学习和利用欧洲绘画风格，从透视法到明暗法。葛饰北斋也是从这位前辈的画笔中汲取了西洋画法的精妙之处，不过即便如此，在他所描绘景物的立体视点与明暗铺陈之间仍保留着浓浓的日本传统之美。也许琳派继承人的身份给予了葛饰北斋经济上的保障，让他可以完全摆脱现实中的各种束缚，这与春朗时期的境况截然不同。于是，葛饰北斋就有了足够的精力将时间留给他心中真正的绘画创作，而不是局限于版画。

从葛饰北斋 1798 年创作的双联画《玉卮弹琴图》中可以看出他在 18 世纪末创作风格与技术上的微妙变化。粗犷的轮廓笔触，却带着书法般的精准度，这让人情不自禁地想起了琳派画师尾形光琳（1658—1716）的风格。另外，值得一提的是，

看望远镜的女人

（约 1798）

山口县，县立萩美术馆·浦上纪念馆

画中龙的面部带着明显拟人化的特征，后者的这一特征在葛饰北斋后来的画作中延续了下来。他创作的世界，草木生灵都有着独特的生命力，拟人化的绘画手法仿佛赐予了它们感受快乐与痛苦的能力，这一切都让人进入一种令人战栗的超现实维度。

离开胜川春章画室的决定对于葛饰北斋来说，可谓"塞翁失马，焉知非福"。因为加入琳派以后，他有了深入研究日本其他画派的机会和自由，如狩野派（16世纪）。这一流派的主要特点是在题材和用墨技巧上结合了中国传统绘画的手法。

说到葛饰北斋与狩野派的交集，就不得不提及1794年发生的一件事。当时声名鹊起的葛饰北斋接受了整修日光的神社与寺院的委托，他的同僚中就有狩野派的融川宽信。但在二人结识后不久，葛饰北斋就直截了当地公开批评了融川宽信的作品，而后甚至辞掉了寺院修复的工作。这个小插曲一方面体现了葛饰北斋耿直而带有些许乖戾的性情，另一方面也反映了融川宽信那众所周知的傲慢。几年后，融川宽信由于不能承受幕府将军对他作品的批评，切腹自尽了。

玉巵弹琴图（1798）▶
双联画

◀ **樱花下的富士山**
（约 1800—1805）
局部
阿姆斯特丹，国家博物馆

1798—1810

释放自我 锋芒毕露

北斋时期

1797 年末，葛饰北斋在琳派画室的工作将要告一段落。此时他已将“宗理”一名赐予门人宗二，这一举动也预示着他即将进入人生的另一个过渡期。1798 年，他组建了自己的画室，命名北斋，这一词的本意为北方的学社。

据闻，葛饰北斋一直热衷于日莲宗，尤其尊崇法性寺的柳岛妙见。柳岛妙见又被信众们视为通晓世事的妙见菩萨北斗七星的化身，而北斗七星又有“北辰”的别称，于是“北斋”一词就得名于此。北斋时期，大致可定为 1798 年至 1810 年的这十二年。尽管“北斋”一名直到 1819 年仍被他偶尔使用，这十二年也无疑是他一生中创作最多产的时期。

这一阶段，葛饰北斋接触和尝试了很多风格。而且，他一直没有中断与文人雅士的联系，找他创作摺物的委托依旧源源不断，此时他的摺物创作更加的细致精美。人物形象，尤其是女性，身段修长、姿态温婉柔美，与同时代的浮世绘名家喜多川歌麿和鸟文斋荣之笔下的女性形象有异曲同工之处。总而言之，此时葛饰北斋的风格与他最初的恩师胜川春章的主张愈发迥异。

葛饰北斋笔下的女性不管是在面部表情上，还是体态上，都透露着心理细节的描绘，观者以此即能读出她们的喜怒哀乐。这种对于人物情感表达的重视在他此后的作品中越来越明显，18 世纪后期，他笔

下的人物仿佛都重获了生命。另外，这些人物大部分被自然风景所衬托，不再像以前那样置于单一的中性色背景之下。在世纪交替之际，引人入胜的风景绘渐渐成为葛饰北斋作品的主角。他笔下的自然能够给观者带来完整的审美体验，其中的代表作之一就是利用荷兰式透视法所作的《阿兰陀画镜：江户八景》系列风景版画。第一幅约创作于1800

白梅图（约1800）
堪萨斯，纳尔逊·阿特金斯艺术博物馆

樱花下的富士山（约 1800—1805）
阿姆斯特丹，国家博物馆

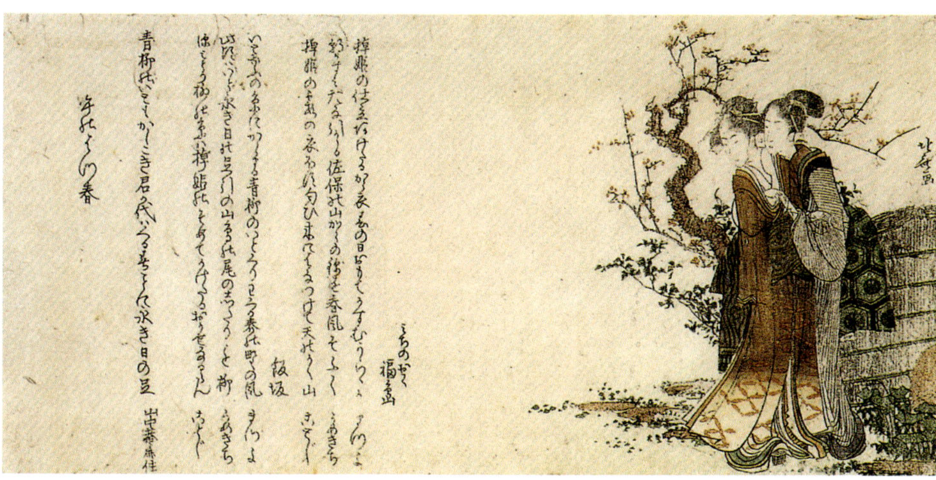

盛开的梅花与二美人图（1799）
热那亚，东方艺术美术馆

江之岛与富士山
（约 1800）
东京，国立博物馆

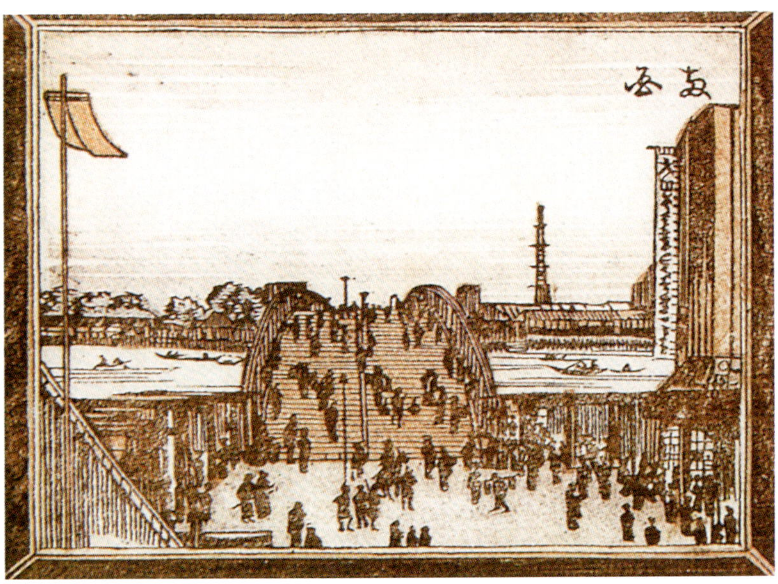

两国（约 1802）
《阿兰陀画镜：江户八景》
巴黎，国家图书馆

照镜美人图（约 1808—1809）▶
东京，住商

年，利用较为温和的颜色描绘了江之岛与富士山之景，透视结构也相对简单，海湾的岛礁与海水的界限分明，另外，构图也给诗句的书写留下了很大的空间。这幅画中的某些元素在日本传统艺术中并不常见，明显模仿了西方的绘画风格，比如刻意画上去的边框，这在葛饰北斋的《阿兰陀画镜：江户八景》（约1802）中也有出现。关于江户八景这个系列，还有一点很有趣，就是在装原画的包装袋上还嵌着当时从西方传入日本不久的显微镜，这也从侧面说明了他对西方美术透视理论的认同。

由宗理改名为北斋以后完成的第三个系列是1805年的《洋风版画》作品集。在这一系列作品中，他不仅利用了西洋的消失点技巧，还广泛地应用了浓淡处理法和明暗对照法。还有一点值得一提，除了刚才提到的画框以外，葛饰北斋并没有像往常一样用从上往下的方式署名，而是将眼前的画顺时针转了九十度，再签上他的名字，为的就是让“卧倒”的平假名看起来更像流畅的拉丁字母。在《洋风版画》作品集中，我们可以从那幅《一只乘风破浪的船》

中看出葛饰北斋式的风格已经趋于成熟，尤其是将海浪选作绘画主角这一点。相信海浪这一意象对于熟悉浮世绘的人们都不陌生，它在葛饰北斋于 1830 年所作的举世闻名的《神奈川冲浪里》中再次成为主角。

在 19 世纪初期的这段时间里，葛饰北斋佳作无数。从风格的变化来讲，他与传统的日式浮世绘流派渐行渐远。

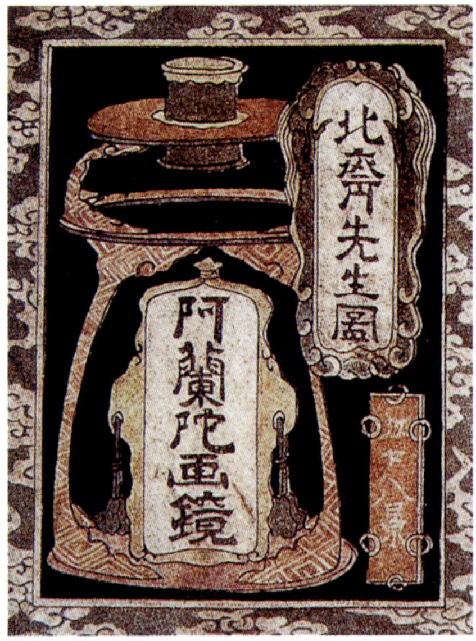

《阿兰陀画镜：江户八景》作品集扉页（约 1802）
巴黎，国家图书馆

九段牛之渊（1805）
《洋风版画》作品集

从行德盐滨望登户海滩（1805）
《洋风版画》作品集

一只乘风破浪的船（1805）
《洋风版画》作品集

葛饰北斋与浮世绘的风俗世界

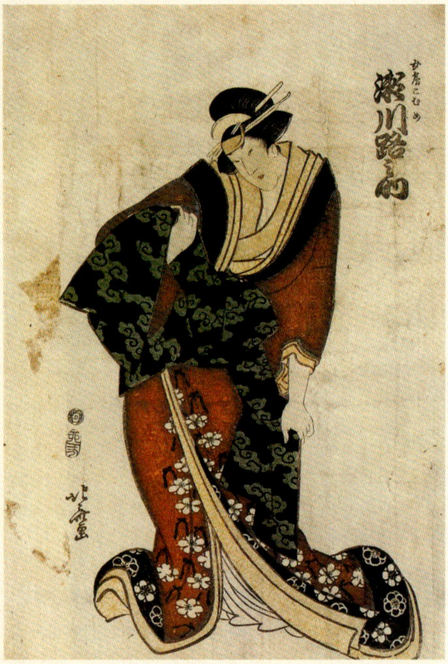

瀬川路之助饰演的妻子（1807）
东京，太田纪念美术馆

浮世绘，顾名思义，就是描绘风俗民情的版画，它兴起于17世纪德川家康统治下江户时代的日本。可以说这种独特的民族艺术诞生于1603年至1868年间日本社会与经济巨大变化的影响之下，而经济结构的变化是当时日本社会变革的根本原因。

作为绘画艺术而诞生的浮世绘，很快就有了作为一种印刷艺术在市场上的立足之地和巨大潜力。曾经独自创作的画师们也都纷纷投身于印刷出版行业，开始为书籍创作插画。与传统的绘画相比，这些新兴的行业与工作要求艺术家与其他生产环节进入一个团队合作的状态，除了画家的创作之外，这个团队还需要文学家、出版商与雕师的存在。至于出版作品的主题，自然要受出钱购买这些出版物的读者欢迎才行。于是女性的美，歌舞伎的役者，有感染力的人物形象，甚至在花柳巷子中度过的春宵一刻也就顺理成章地成为浮世绘派流描绘的主题之一。其中，东京的吉原，作为最有名的游廓之一，就经常出现在各大画师们的笔下。

在浮世绘兴起的初期，大多数画师都以追随少数先锋的风格与手法为主，如风俗画师岩佐又兵卫（1578—1650）和被称为“浮世绘创始人”的菱川师宣（逝于1694年）及他门下的学生。在菱川师宣之后，还有奥村政信（1686—1764）、怀月堂安度（活跃于1704年至1736年间，擅长美人绘），在京都以插画闻名于世的西川祐信（1671—1751）、鸟居清信（1664—1729）。鸟居清信是鸟居派的创始人，致力于役者绘。鸟居派

鲤龟图（1813）
埼玉县，县立博物馆

在第四代继承人鸟居清长（1752—1815）的带领下，在整个19世纪初期都非常活跃。

随着技术上的不断革新以及市场对于单幅浮世绘与书籍插画作品的需求增多，浮世绘进入鼎盛时期。在18世纪中期，铃木春信（1725?—1770）不仅因为在1765年引入多色印刷版画（这种画因为像美丽的织锦而被称为锦绘）而出名，还因其作品带有梦一般的意境，对后辈画师的风格产生了深远影响而著称。

在欧洲大陆，法国作家爱德蒙·德·龚古尔在作品《喜多川歌麿》中称与葛饰北斋齐名的喜多川歌麿为“青楼作家”，喜多川歌麿笔下许多具有栩栩如生、满富感染力的吉原女性形象，也成为日本艺术中带有象征性的文化符号之一。此外，喜多川歌麿的成名也要归功于他的第一任出版商茑屋重三郎（1750—1797）。除喜多川歌麿之外，茑屋重三郎还一手创造了东洲斋写乐这一浮世绘史上的传奇人物。东洲斋写乐仅在1794年4月至次年2月的十个月里昙花一现，关于他的生平以及1795年以后的发展都鲜为人知。这位神秘画师留下有近一百五十幅役者绘，这些作品中人物面部表情强烈的表现力和从姿态中流露的情感，可谓役者绘史上的登峰造极之作。

除此之外，值得一提的画师还有歌川派的创始人歌川丰春（1735—1814），其门下有著名画师歌川丰国（1769—1825）、歌川国贞（1786—1864）、歌川国芳（1797—1861），他们在浮世绘的不同领域各有作为（如美人绘、役者绘、武者绘以及以中国和日本经典传说中的人物为主角的作品）。还有歌川广重（1797—1858），他的作品经常被评论家拿来与葛饰北斋相比较，二者都擅描绘风景的“名所绘”，不过风格迥异。

由此可见，日本浮世绘界可谓人才辈出。葛饰北斋虽与“同僚”身处同样的社会环境，作品的受众却不尽相同，这位特立独行的“画狂人”在画坛达到了无人可及的高度。其卓尔不群之处在于他创造了属于他的世界，奇妙而极富感染力，就如他本人所说：“我笔下的人物、动物、花草鱼虫都想要从画纸上呼之欲出。这难道不是无与伦比的吗？我给予了我画中的人和物血与肉，却剥夺了它们心跳的自由。有一位出版商听说了此事，特来邀约，我不能拒绝。幸亏我有幸认识小泉这位才华出众的雕师，能把我的画之精髓完全表现出来。”

护国寺达摩略图
（1804）
波士顿，波士顿美术馆

才华横溢，不拘一格

接下来的几年，随着葛饰北斋风格上的变化与技巧上的革新，他逐渐脱离了传统的浮世绘。此外，这几年里也有一些逸闻趣事，让外界渐渐地了解到了这位“画狂人”不拘一格的“怪杰奇人”本质。

传言，1804 年发生了这样两件事。一件是发生在江户郊区的护国寺庭院内。一日，在众人的围观下，葛饰北斋才思泉涌，在一幅 200 平方米左右的纸上，用扫把蘸酒桶中盛的墨，大“笔”一挥，作出了巨型的《达摩（禅宗祖师）图》。精彩的现场创作让在场的观众情绪高涨，最后这幅巨型《达摩图》被挂在了特制的木架上。其实葛饰北斋在创作这幅《达摩图》的时候，有这样的想法——在深深的墨色线条之间隐藏截然不同的形象。令人遗憾的是，这幅巨型图没能保存下来。不过为了纪念它，他曾经作了一幅小型《护国寺达摩略图》，并签上了画达摩那天的日期，这幅画现藏于波士顿美术馆。有趣的是，就在创作这幅巨型《达摩图》的同一时期，他还在一颗米粒的表面画过飞鸟。

另一件趣事则发生在浅草。幕府大将军德川家齐久闻葛饰北斋之名，便召他前来与当时也十分有名的画师谷文晁（1763—1840）一决高下。这次葛饰北斋的表现也是惊艳四座。他又是用一把蘸了蓝色墨水的大扫把在铺在地上的纸上画下波浪的形状，随后，他将带来的鸡的两个爪子蘸上红色的墨水，放到纸上，这两只鸡的脚印就成了画中红色的枫叶，静静地飘落在龟田河上，葛饰北斋以出人意料的方式描绘了能代表日本文学与艺术灵魂特色的意境。德川家齐很欣赏葛饰北

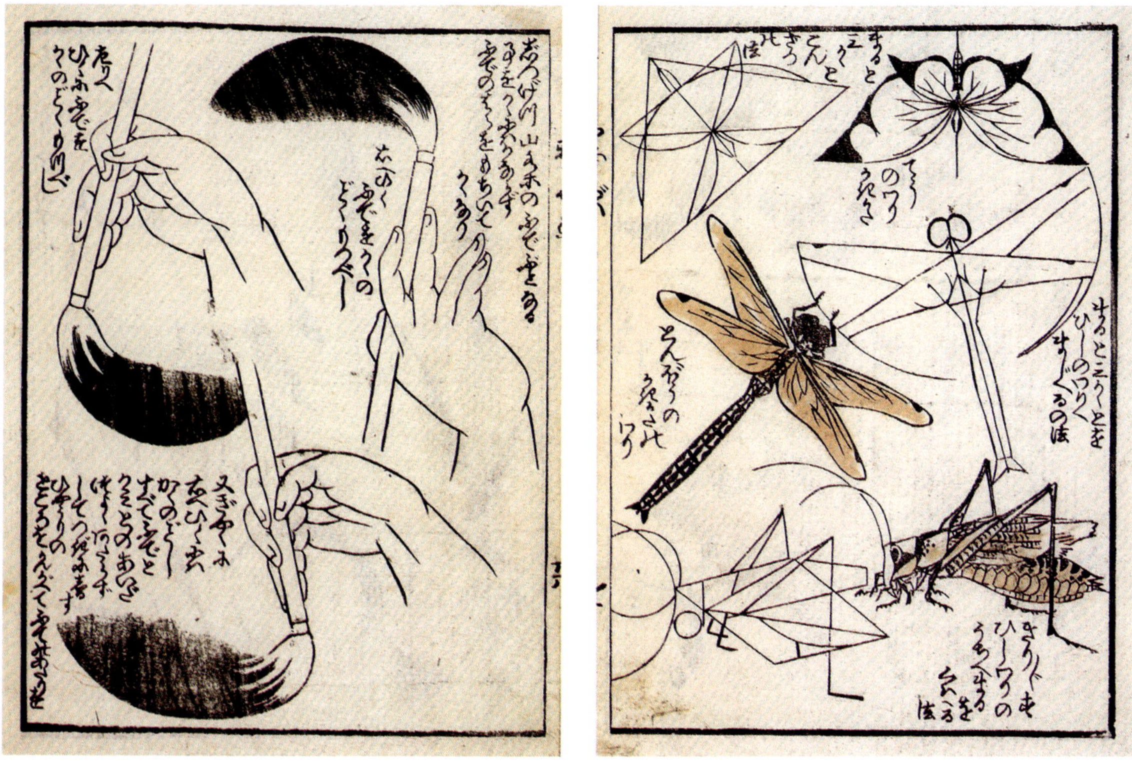

《略画早指南》配图（1812—1814）
伦敦，大英博物馆

斋奇特的创意，宣布他为比赛的赢家。葛饰北斋所用的绘画工具可谓千奇百怪，有手、指甲、鸡蛋、笔杆，这些还只是冰山一角。上述的这些奇闻轶事，在一定程度上说明了葛饰北斋当时正经历着他艺术生涯上的一次重要转变。

这一时期，日本独立的美术作品数量越来越多，不因批量印刷导致被创作出的单幅作品开始流行，从侧面反映了大多数画师的技艺与创

富士山与古松
（约 1802）
松本，日本浮世绘博物馆

作力的整体提升，因为独立的单幅作品意味着画师没有“团队”的支撑，需要独自面对一张空白的画布。

具体来说，这一时期人物和动物形象的面部表情等细节更富有感染力，轮廓线条也更有力度。葛饰北斋对于颜色的选择也更自由，对迥异主题的驾驭也更从容——从盛开的白梅到水中的鲤鱼和乌龟，从出神的美人到诗人，从富士山与古树到日本神话中的鬼神。在一幅作于 1810 年的《七福神》中，葛饰北斋画了七神中的一神，即背着大布袋、手拿扇子的布袋和尚。其余六神则分别出自另外六位浮世绘名家之手，分别是歌川丰国（1769—1825）、歌川丰广（1773—1828）、歌川国贞（1786—1864）、歌川丰春（1735—1814）、鸟居清长（1752—1815）和胜川春英（1762—1819）。值得一提的是，在画上署名的还有日本两位著名的文学家山东京传和山东京山。当时的出版商永寿堂委托了《七福神》这一画约，并在画作完成后的一次聚会中将它公之于众。

尽管葛饰北斋已经名声大噪，

他并没有停止为小说（日本又称读本）画插画，也是他事业最初起步时的创作类型。1805年他开始与曲亭马琴合作，二人结下了一段颇为曲折的缘分。在这一年里，由曲亭马琴（1767—1848）翻译的中国四大名著之一的《水浒传》，即《新编水浒画传》出版。传闻，这位画师和这位小说家都兼具过人的才华及固执的个性。最初二人的合作很成功，而后的几年，两人有过无数次的争吵，最终在双方都不愿意妥协的情况下，关系破裂。出版方见此僵局，因不愿放弃葛饰北斋的插画，便决定用为人较为随和的高井兰山代替曲亭马琴。由此可见葛饰北斋在当时的受欢迎程度。

葛饰北斋一直为《新编水浒画传》画插画，直到第六十一卷，其后的部分，即从第六十二卷到第九十一卷，则交给了他的学生二代目戴斗。在1810年至1815年间，他将“北斋”一名传给学生桥本喜三郎，“画狂人”的画风发生了彻底的转变，并取名“戴斗”，我们可以

蚊帐下的贵妇（约1806）
东京

七福神（1810）
多位画师合作，整体与局部
热那亚，东方艺术博物馆

把这一时期暂时命名为“过渡期”。

1810年《己痴群梦多字画尽》出版，这是葛饰北斋第一部带有绘画教学范本性质的画集。接着，在1812年至1814年间，另一部范本画集《略画早指南》出版，书中他从简单的几何图形开始进行教学，而后过渡到复杂的图形绘画。这一时期带有教学目的的绘手本与幽默讽刺画主导的趋势在《风流滑稽百句》（约作于1811年）中就有所体现，诙谐的绘画风格一直延续到他之后的作品中。

◀ **镇西八郎源为朝公椿说弓张月**（1812）
局部
伦敦，大英博物馆

1810—1819

绘手本时代

戴斗时期

在1810年至1820年的十年间，葛饰北斋改名葛饰戴斗，这一名号也与天文学有渊源，戴斗是小熊座中的一颗星星。我们可以注意到在1810年至1815年之前，葛饰北斋一直交替使用北斋和戴斗这两个名字，他之所以这样做也是基于不同时期的考虑。事实上，即使人们很清楚他每一次改名都伴随着人生的一次重大改变，想要给葛饰北斋多变的艺术生涯明确地划分时期还是一件很难的事，尤其是在艺术家已经离世的情况下。另外，葛饰北斋在名声大噪的时候改名，显然对与他合作的出版商很不利。出版方出于推销其商品的考虑，自然更重视作者的认知度，更何况此时葛饰北斋的美誉已经传出了江户。

1812年，在门人兼资助者牧墨仙（1736—1824）的邀请下，葛饰北斋移居到名古屋。这段时间，在学生们的鼓励和帮助之下，葛饰北斋创作出了著名的《北斋漫画》。这部画集被分成十五册出版，第一册于1814年出版，第二册和第三册在1815年出版，第四册和第五册

视障（1819）
《北斋漫画》，第八册
科隆，普弗勒收藏

杂技（1819）
《北斋漫画》，第八册
科隆，普弗勒收藏

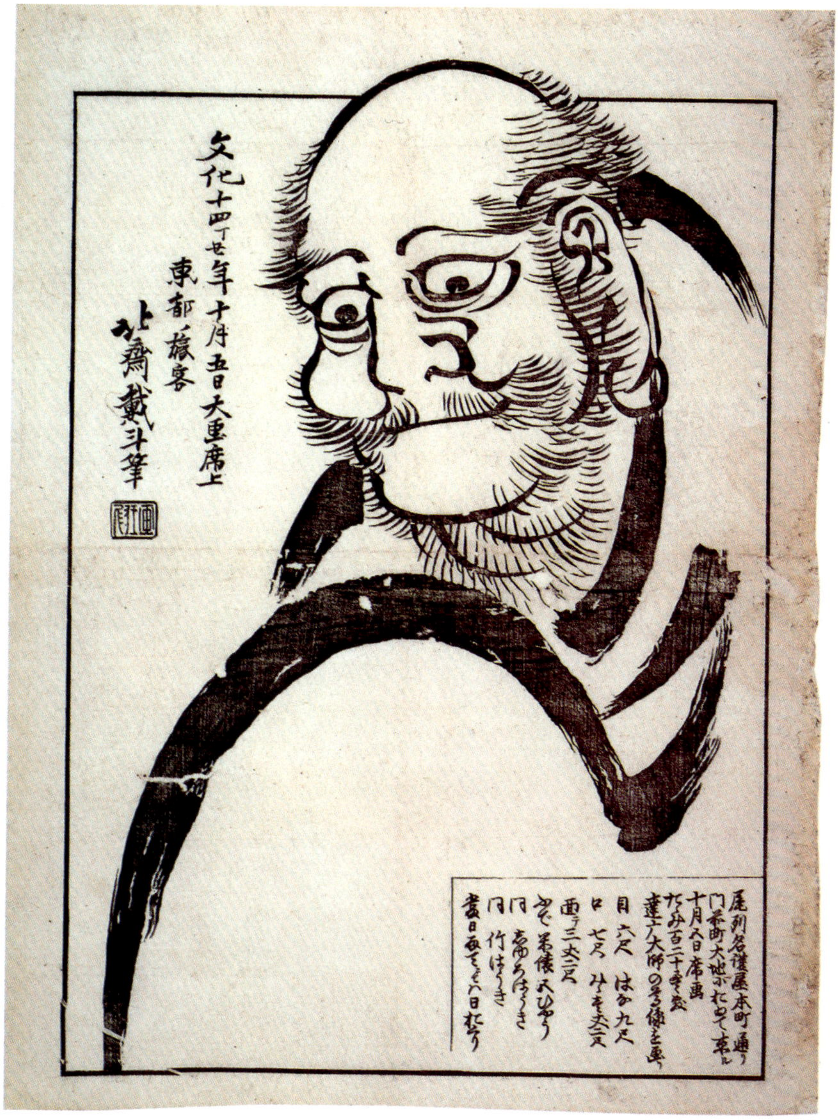

《达摩祖师图》

* 现场作画（1817）

名古屋，市护国寺

在 1816 年出版，1819 年又出版了三册，第十一册和第十二册在 1834 年出版，1849 年出版了第十三册，最后两册则是在葛饰北斋去世后的 1878 年出版。（漫画是一个日本味十足的词汇，它伟大的创造者就是葛饰北斋。）

《北斋漫画》对葛饰北斋来说是

阿波的鸣户
（1817）
《北斋漫画》，
第七册

一项具有挑战性的大工程，需要“精雕细磨”，因此人们对于《北斋漫画》有着各种不同的理解。如果说支撑葛饰北斋完成《北斋漫画》的动力是教学，这些作品也可以说是他作为艺术家的一幅巨作。葛饰北斋在创作一帧接一帧的画作中，抒发了他对人类和自然的理解，以个人视角在画纸上对大千世界进行描绘。从社会学与人类学的角度来看，这套《北斋漫画》也体现了日本民族在19世纪初期的民风万象。其中，葛饰北斋选择了几个他最关心的主题：人物、动物、自然元素、氛围元素、建筑元素、技术元素、神话人物及其他一些元素。一个真正的宇宙，

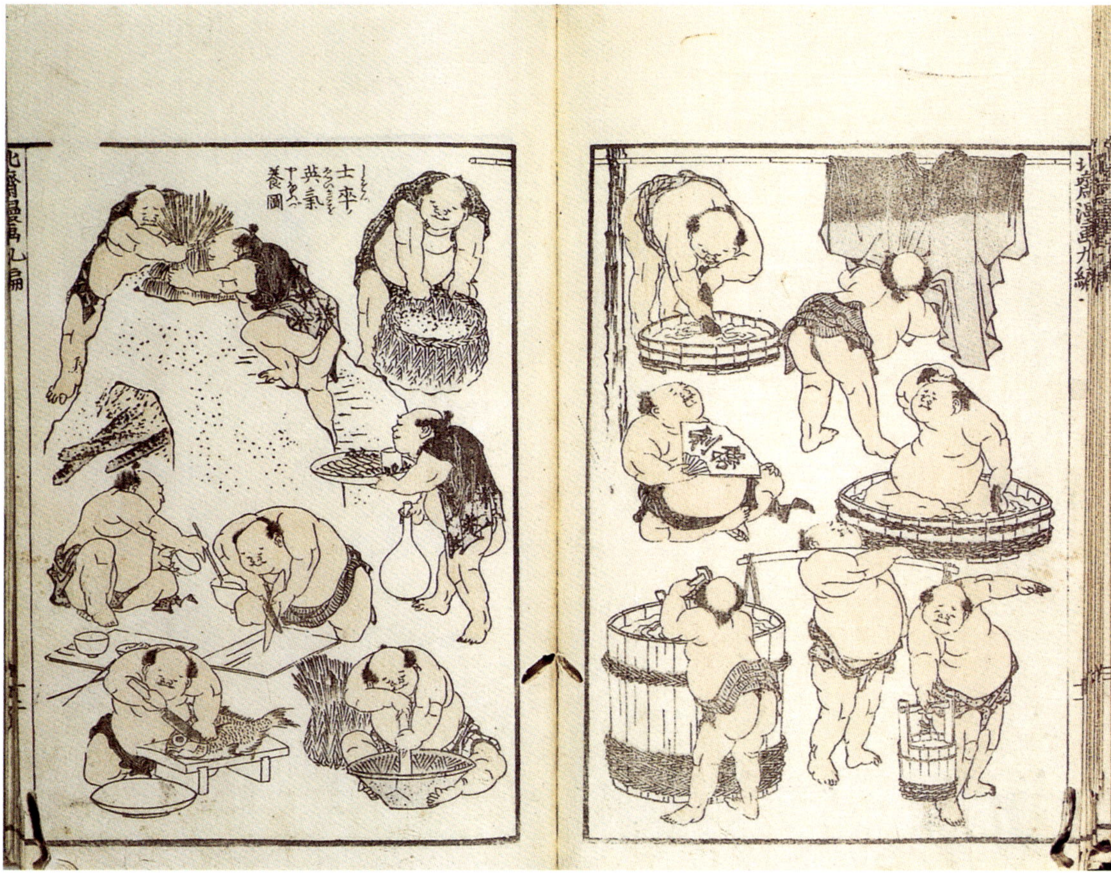

相扑选手的日常生活（1819）
《北斋漫画》，第十册

一个以葛饰北斋为中心的宇宙。但是他的视角，说真实却又过于超现实，说是连环画却又过于尖锐细腻。《北斋漫画》是由名古屋的永乐屋和江户的角丸屋两家出版商合作出版发行，这也使得葛饰北斋首次在江户以外的地方名声大振。1817 年，正是在名古屋，葛饰北斋再一次表演了现场创作巨幅达摩祖师像。这次的画布尺寸更大，超过 240 平方米，让现场观众惊得目瞪口呆。后来，葛饰北斋作的这幅达摩图被出版，为了纪念这件事，他还在画上签了创作的时间及地点。

戴斗时期常被认为是葛饰北斋出版、发表作品最多的时期，当然

攻击猛犸象
（1849）
《北斋漫画》，第十三册

是除《北斋漫画》之外。1815年，他还出版了《踊独稽古》，它是一本舞蹈教学指南，由一幅幅连续的舞蹈动作组成。在画中，葛饰北斋以著名歌舞伎五代目市川团十郎为原型，描绘了近六十个舞步。1816年，葛饰北斋出版了《三体画谱》，画中的每一个人物都被从三个不同的视角进行描绘，它们不仅视角不同，所使用的画笔与线条描绘方式也不同。在1817年至1819年间，葛饰北斋完成了《画本早引》，在《画本早引》中他只画了人脸的部分。紧接着是1818年的单色绘手本《传心画境》。次年，它被重新命名为《秀画一览》，以彩色印刷的形式重新出版。

鱼篮观音（1849）
《北斋漫画》，第十三册

写真与艳本

即使上文提到的绘手本对葛饰北斋来说，是极为费时费力的工作，他也并没有因此放弃其他类型的创作。

1814 年，他出版了《北斋写真画谱》，其中包括十五幅三十页对开的画，主要使用了黑墨，还混用了其他淡色。他在画中描绘了多种事物，由动物鸟兽到花草植物，也不乏历史人物和神话人物。其中的

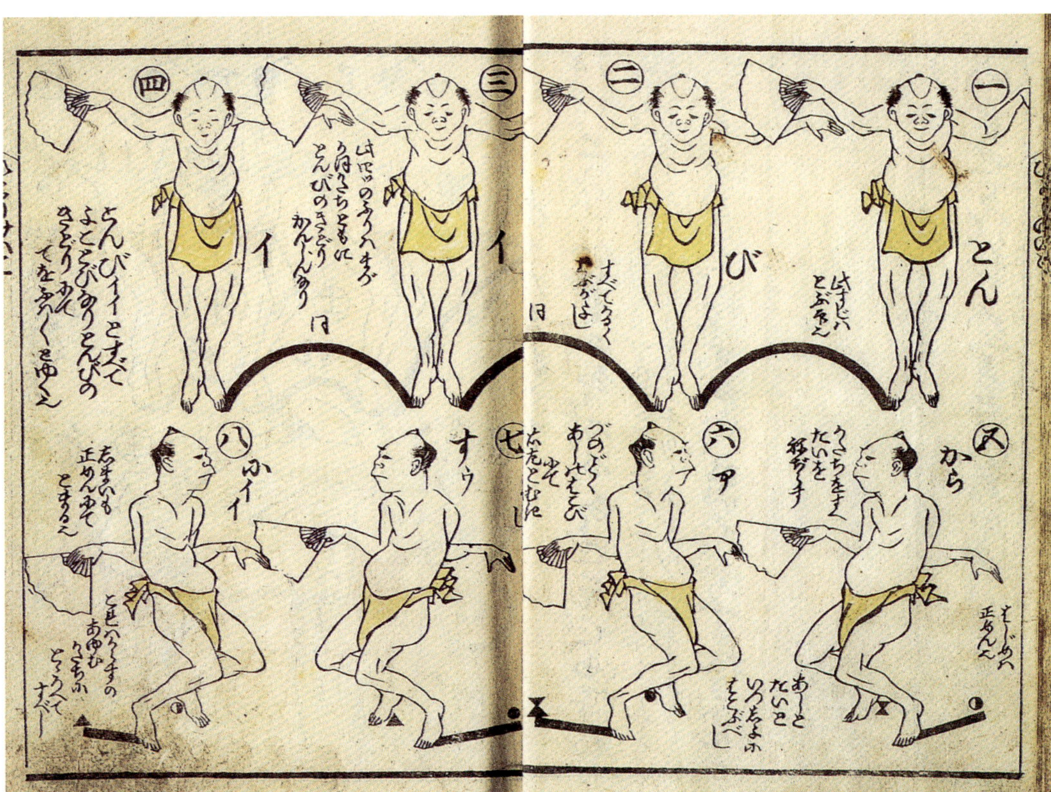

选自《踊独稽古》（1815）
科隆，普弗勒收藏

一幅《雉子》最为出名，这还要感谢法国印象派画家布拉克蒙在设计“卢梭”系列餐具时对它的引用。因此，可以说《北斋写真画谱》为葛饰北斋这一时期的艺术理念画上了句点，也预示着他接下来创作风格的不同。在1810年至1820年的十年中，葛饰北斋的春宫图创作进入了全盛时期。

雉子（1814）
《北斋写真画谱》
巴黎，法国国家图书馆

章鱼与海女（1814）
《喜能会之故真通》（又名《渔女春梦》）
科隆，普弗勒收藏

情色这一主题在日本艺术中并不罕见，大部分浮世绘画师对此多少都有涉猎。但是作画时，他们常常不会签下自己的名字，以防幕府在一些特定时期实行的愈发严格的文化审查制度会影响到自己。一般来说，浮世绘的春宫图都出现在带有情色内容的廉价艳本的插图中。葛饰北斋在他一生中的各个时期都

徜（1822—1823）
《浪千鸟秘画集》
热那亚，东方艺术博物馆

创作过春宫图，尤其在戴斗时期。这个时期，葛饰北斋出版了艳本《喜能会之故真通》(1814)，颇负盛名的《章鱼与海女》就出自这本书。这幅画极富感染力，有着令人瞠目结舌的力量，试想一下它在19世纪保守的欧洲首次面世时，掀起了怎样的舆论与热潮。1896年，爱德蒙·德·龚古尔在他关于研究葛饰北斋的专题作品中就写道："这是一幅骇人听闻的版画……一个赤裸的女性在快感中晕厥。"而法国作家于斯曼则持有不同意见，他在1889年提到这幅画时，做出了如下的评论："这幅日本版画的美简直前所未有，一个被章鱼侵犯的女人，章鱼用它的触手吸吮女人的乳首，用它的口侵犯女人的下体。女人流露出

万福和合神（1821）
东京，住商

非人类能够承受的痛苦与折磨的表情，她精致修长的鼻子的细节体现出痛苦，而脸上却流露出至高的享受，这幅作品令人十分敬佩。”

同年，葛饰北斋还创作了《津日之雏形》的情爱图。1818 年，他创作了《饭山市夫妇的私房话》。其于 1822 年至 1823 年间出版的第二版《浪千鸟》更为出名，它与第一版的不同之处在于整个画面都交由葛饰北斋来支配，不再有文字等占用空间。两个半裸的身体紧紧地相拥，给人十分强烈的视觉冲击，几乎要溢出画面。线条果断而明确，颜色使用得非常温和，将主角交给裸露的肉体，让裸露的肉体尽情展

月下虎竹图（1816）
热那亚，东方艺术博物馆

拿着绸缎的女人（1817）
伦敦，大英博物馆

产妇（1817）
热那亚，东方艺术博物馆

露。1820 年，葛饰北斋创作了另一部非常受欢迎的春宫图《玉鬘》。

但在 1821 年葛饰北斋所作的《万福和合神》中，他并没有将故事的背景置于艳本中常见的花街柳巷，而是选用了普通人作为主角，描绘了他们的爱情。

尽管葛饰北斋在戴斗时期的事业表面上看起来风生水起，出版了大量作品，却称不上其绘画事业上最辉煌的一段。他在这些绘本（艳本、写真等）中投入了大量的精力与时间，因为这是他唯一的收入来源。事实上，葛饰北斋一直在贫困线上挣扎，他不得不以此来糊口。

尽管如此，这一时期的作品中也不乏有较高水准的画作，如作于 1816 年的《月下虎竹图》、1812 年受出版商平林庄五郎委托所画的《镇西八郎源为朝公椿说弓张月图》、1817年的《拿着绸缎的女人》（这幅画曾经因为图中的女主角拿着很多丝绸被人误以为是洗衣女）。此外，还有1817年的《产妇》，这是葛饰北斋作品中最独特的一幅。

这些画作组合在一起，相当于年逾花甲的葛饰北斋在各个阶段的人生概述。六十岁在亚洲文化中有着特别的意义，代表着六十干支轮回的圆满，它对葛饰北斋同样有着重要的意义。

镇西八郎源为朝公椿说弓张月（1812）
伦敦，大英博物馆

◀ **飞跃边境的吊桥**（约 1834）
《诸国名桥奇览》，局部
纽约，大都会艺术博物馆

1820—1834

风景画系列

为一时期

年满 60 岁的葛饰北斋，为了纪念其风格的“重生”，于 1819 年将“戴斗”一名让给弟子北泉（活跃于 1810 年至 1853 年间），自己则正式改名“为一”。如字面所示，此名有“合而为一”之意，这次改变也许正说明葛饰北斋决心寻找他在艺术风格上的新方向。为一时期（约 1820—1835），葛饰北斋创作出了他一生中最为人所熟知的版画作品，其中就有《富岳三十六景》系列。

1820 年，葛饰北斋的作品数量与之前相比有了一定的减少，这很可能是他为自己在风格上的改变留的余地。此外，这一时期葛饰北斋还创作了两套十分有名的摺物，他与狂歌师再次携手，接受创作狂歌和插画的版画作品委托。

第一套作于 1821 年，在四方诗社的委托下，将此系列命名为《元禄歌仙贝合》，属于春兴狂歌，即以农历新年辞旧迎新为主题，风格比较诙谐幽默。这些个头不大且四四方方的色纸插图，是他所有作品中最精美的。不仅体现在创作和构图的优良质量上，还体现在他使用质地上乘的颜料上，比如利用金、银、云母来绘制细节，以达到最终想要的效果。葛饰北斋强大的创作能力，让他能最大程度地利用作品主题的

芦苇贝（1821）
《元禄歌仙贝合》
千叶市美术馆

感染力。不过，不同主题元素之间的联系，也需要观者有较丰富的知识储备才能辨别出来。

第二套摺物作于次年，同样也是受到四方诗社的委托。这一套的主题是马，是当时即将到来的新年

樱花贝（1821）
《元禄歌仙贝合》
千叶市美术馆

的属相。《马尽》由整整三十张摺物组成，风格上比《元禄歌仙贝合》看起来还要隐晦、抽象。葛饰北斋试图通过物体之间的距离来映射它们的文化含义，简直可以媲美西式静物画的手法，这一点充分体现了葛饰北斋无与伦比的绘画天赋和想象力以及丰富的文化底蕴。在接下来的几年里，葛饰北斋开始了进一步探索式的创作，涉猎了不同的主题和风格。

在 1822 年至 1824 年间，葛饰

鐢町（1822）
《马尽》系列
千叶市美术馆

北斋接受了为手工艺人设计商品装饰图案的两个委托，即一本三册的《目前流行的数字设计式样》和《新型小蚊帐》，这两本画册都十分美观实用。虽然绘本的主题已定，葛饰北斋却不刻意追求潮流样式，与之相反，他偏要逆流而上，最大程度发挥自我的独特创作力。

1823 年，葛饰北斋的《一笔画谱》出版，这本画谱创作于 1817 年。整本画谱是由一张张单幅的小画组成，其名中的“一笔”，并不是说一

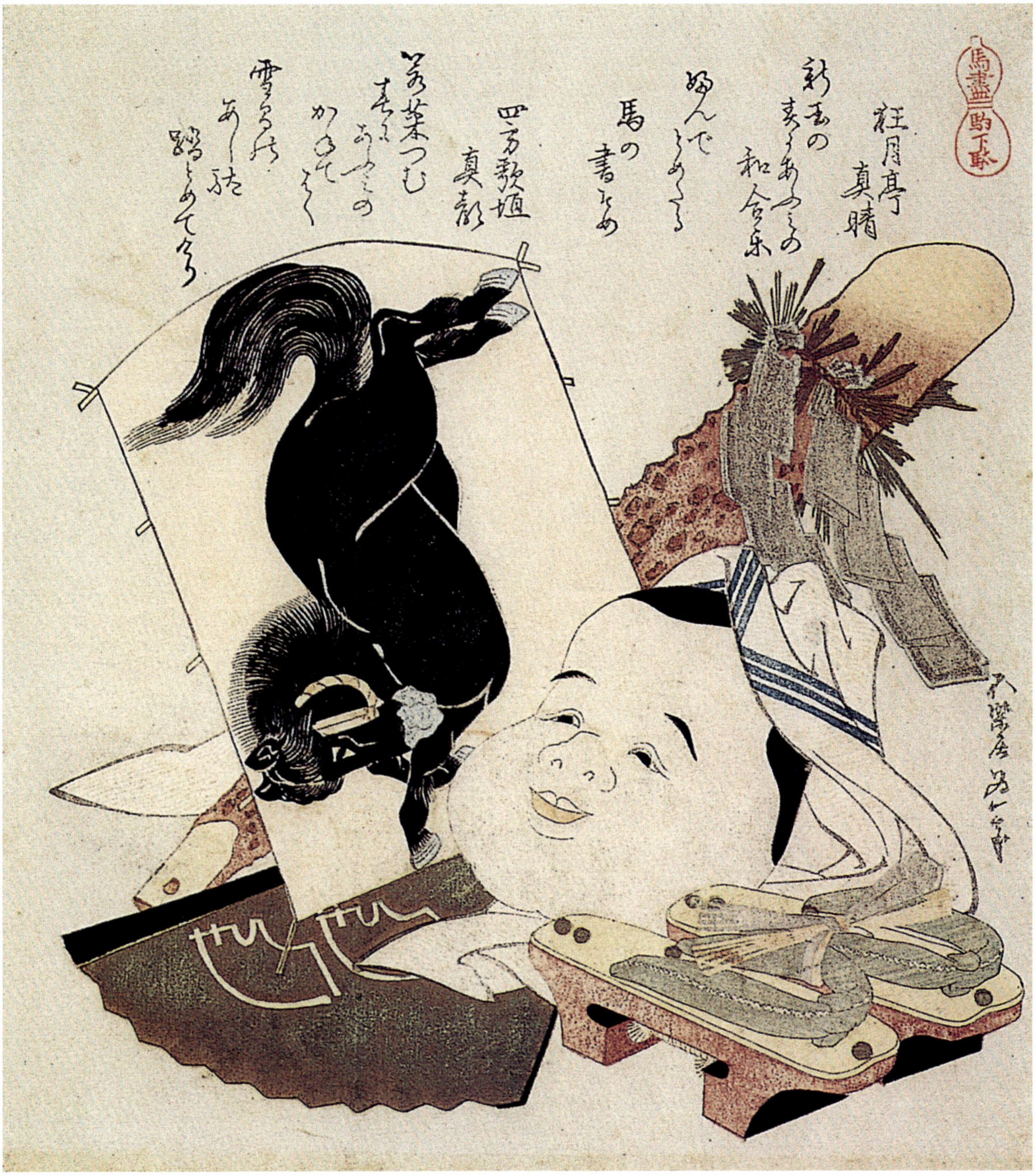

驹下驮（1822）
《马尽》系列
千叶市美术馆

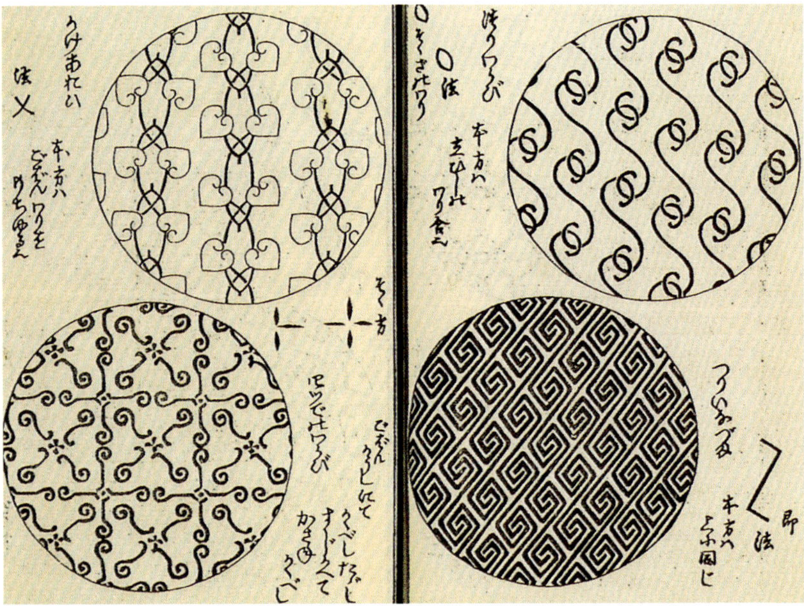

《新型小蚊帐》配图（1824）
东京，国立博物馆

幅图只用一笔勾勒而成，而是画一幅图之前只用笔蘸一次墨。这部以教学为主要目的的绘本表面上看起来可能太过随意了，但是若想要模仿葛饰北斋的笔法却不容易，需要画者经过练习，拥有一定的技巧和丰富的想象力才有可能。

与此同时，葛饰北斋并没有放弃真正的绘画创作，这一时期他作品的一大特点就是将画中动物的面

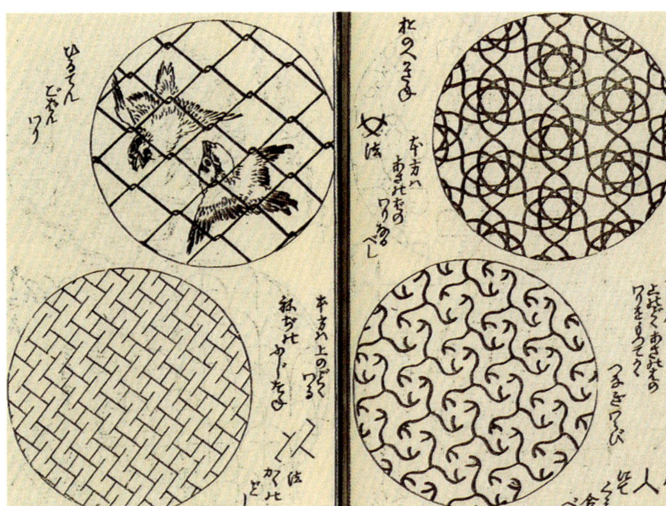

《一笔画谱》配图（1823）
伦敦，大英博物馆

部表情明显地拟人化。我们知道，动物是葛饰北斋偏爱刻画的对象之一。从19世纪30年代开始，在葛饰北斋的画作中就可以明显地看出其将动物的姿态和面部表情拟人化的趋势。举个例子，从他创作的《中国狮子和幼崽》（约1820年）和现藏于纽约大都会艺术博物馆的《雄鸡》（约1825年）中，均可以看到他慷慨而巧妙地用墨大胆勾画轮

中国狮子和幼崽（约 1820）
松本，日本浮世绘博物馆

雄鸡（约 1825）
纽约，大都会艺术博物馆

群鸡（约 1835）
东京，国立博物馆

廓，用深浅来表现立体的层次感。更具代表性的是作于约 1835 年的《群鸡》，在画中的那些鸡头上，我们能找到相比禽类来说，更接近人类神态的特征。

役者绘和鬼神武者绘

说到这个时期葛饰北斋的肉笔画，就不得不提在 1826 年发生的一件对他艺术生涯产生了重大影响的事。这一年，一个荷兰的代表团来到了长崎的出岛——长期以来日本政府“安置”外国来宾的一个小岛。这个代表团的成员中有德国医生菲利普·弗兰兹·冯·西博尔德和来自荷兰的船长德·斯特尔勒。葛饰北斋与这两位来自西方的代表会面，对方提出了请葛饰北斋为他们创作几幅水彩画的请求。后来，这位“画狂人”所作的四十幅肉笔画被这两位西方代表捐赠了出去，分别藏于荷兰的国立民族学博物馆和法国的国家图书馆。不仅如此，日后，西博尔德和斯特尔勒还向这两所机构捐赠了许多个人收藏的其他的传统日本艺术品。

在德国医生西博尔德的收藏品

嬉戏的孩子们
（1826）
莱顿，国立民族学博物馆

清洗马的男人们（1826）
莱顿，国立民族学博物馆

骤雨（1826）
莱顿，国立民族学博物馆

中，有两幅没有署名的女人像，但基本可以确定它们是葛饰北斋的作品。没有署名是因为在那个年代为洋人作画的日本画师会受到政府严厉的惩罚。西博尔德后来被驱逐出日本，也正是因为由葛饰北斋的弟子为他作的一幅描绘江户护城墙的水彩画（目前藏于莱顿国立民族学博物馆）被幕府发现所致。经过相

《新编水浒画传》插图（约 1835）
伦敦，大英博物馆

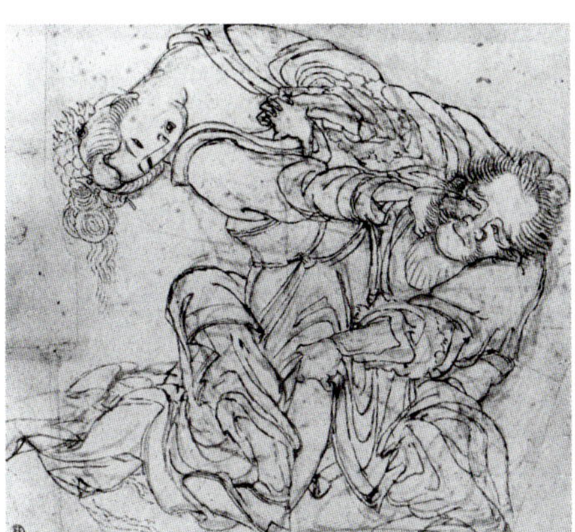

《新编水浒画传》草图（1829）

关专家的研究和确认，这一时期葛饰北斋在创作中所用的纸张、画笔、颜料都是从荷兰进口的，也就是说很有可能是西博尔德为他提供的。另外，这些作品的构图也都利用了西方绘画中典型的透视法及明暗法，而这些手法在当时日本传统绘画中是前所未有的。

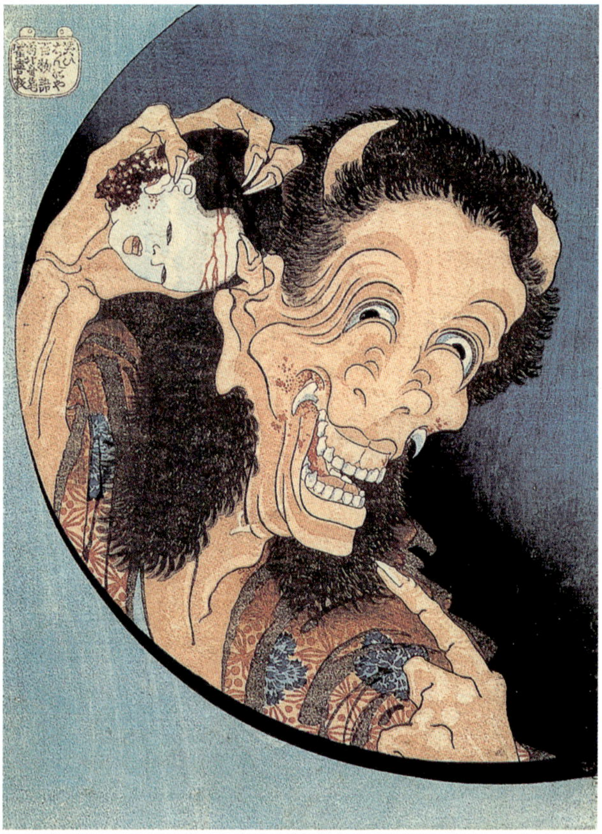

笑般若（1831）

《百物语》

巴黎，吉美国立亚洲艺术博物馆

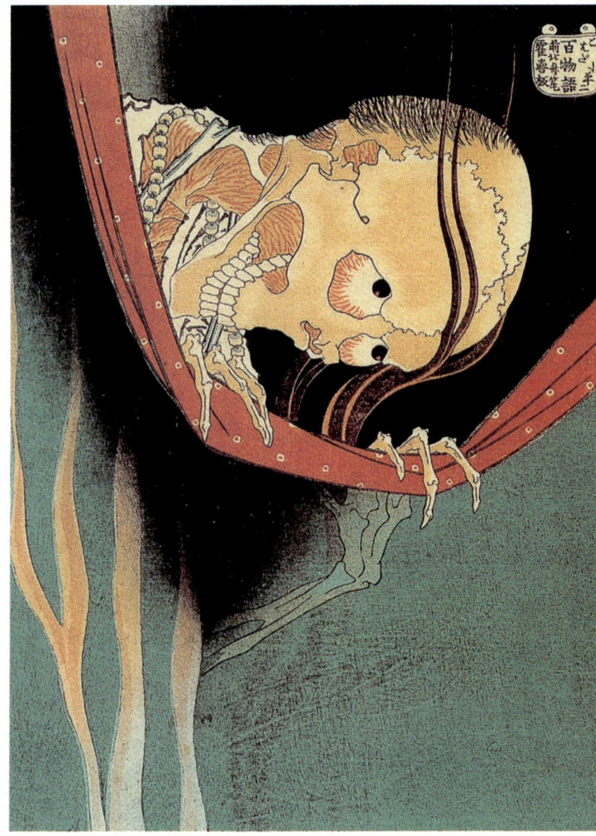

小幡小平次（1831）

《百物语》

波士顿，波士顿美术馆

阿岩（1831）

《百物语》

波士顿，波士顿美术馆

鬼儿岛弥太郎西法院赤坊主（约 1833—1834）

武者绘，大判锦绘

伦敦，大英博物馆

葛饰北斋在为一时期出版了《新编水浒画传》的前几册，这本画集是葛饰北斋同前文中提到的曲亭马琴以及后来曲亭马琴的接替者高井兰山共同创作完成的。葛饰北斋在这一时期对于人物的驾驭愈发成熟，并重拾绘画生涯之初在胜川春章画室学到的技巧，创作了不少以歌舞伎演员为主人公的役者绘。

“画狂人”晚年的创作充满了“戏剧性”，这种夸张手法从他创作中所涉及的相扑情节就可以明显看出。其中有些作品的草图有幸保存至今，因此我们可以很容易地发现大师创作时的意图和手法。葛饰北斋在这一时期的创作还涉猎“超自然”领域，其中人们熟知的有日本传统怪谈《百物语》中的五幅作品，充满日本传统文化色彩的神秘妖怪在葛饰北斋的笔下栩栩如生地讲述着古老的传说。除了《百物语》之外，还有五幅大约创作于 1833 年至 1834 年间的以历史神话人物为主题的武者绘。

楠多门丸正重与八尾之别当常久（约 1833—1834）
武者绘，大判锦绘
东京，国立博物馆

◀ **楠多门丸正重与八尾之别当常久**（约 1833—1834）
武者绘，大判锦绘，局部
东京，国立博物馆

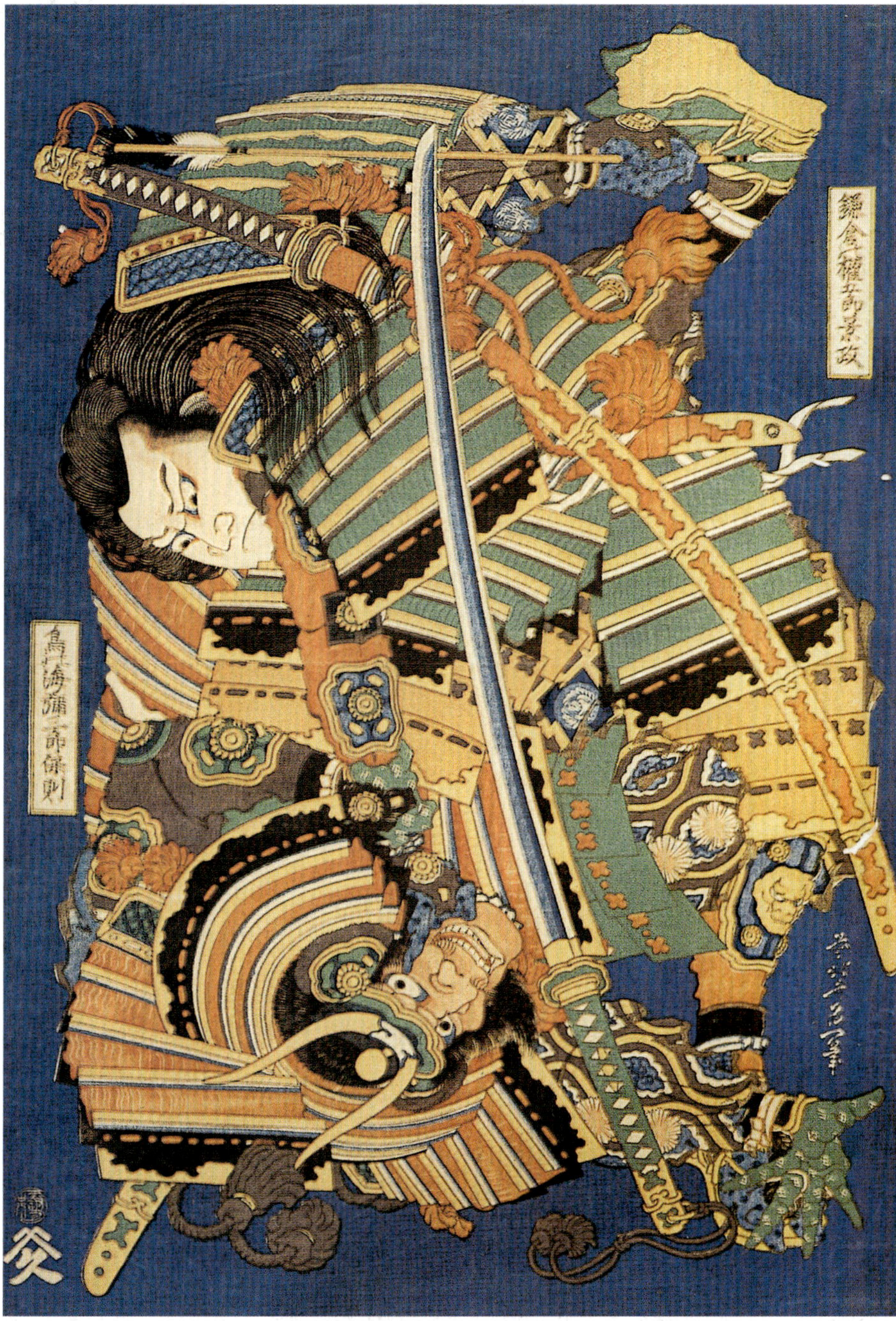

镰仓権五郎景政与岛海弥三郎保则（约 1833—1834）
武者绘，大判锦绘
松本，日本浮世绘博物馆

凯风快晴
（约 1830—1832）
《富岳三十六景》系列

富岳三十六景系列

19 世纪 40 年代前期，无疑是葛饰北斋艺术生涯中较为重要的几年。这一时期，他出版的几幅作品在日后让他赢得了全世界的关注，他笔下的风物不仅成为代表日本的文化符号，甚至可以说是亚洲文化跨国界的代表之一。1830 年，葛饰北斋与永寿堂合作出版了举世闻名的《富岳三十六景》。

永寿堂最初的计划是请葛饰北斋创作三十六幅富士山风景图。人们所熟知的富士山，不仅是日本境内最高的山，也是所有人心中日本的象征。最初出版商的计划是用刚刚传入日本的普鲁士蓝印刷全部版画，但在出版初期大获成功后，他们不得不选用更丰富的色彩印刷来满足购买者日益增长的需求。后来，

武州玉川

（约 1830—1832）

《富岳三十六景》系列

甲州犬目卡

（约 1830—1832）

《富岳三十六景》系列

尾州不二见原

（约 1830—1832）

《富岳三十六景》系列

由御厩川岸看两国桥夕阳

（约 1830—1832）

《富岳三十六景》系列

神奈川冲浪里
（约 1830—1832）
《富岳三十六景》系列

永寿堂认为这一系列完全可以由原来的三十六幅增加到一百幅。事实上，由于歌川广重（1797—1858）在这一时期也出版了他最著名的风景版画，葛饰北斋出于避免与他针锋相对的考虑，最终将这一系列止于四十六幅。

《富岳三十六景》是葛饰北斋整个艺术生涯中最为著名的作品，尤

砾川雪旦

（约 1830—1832）

《富岳三十六景》系列

甲州石斑泽

（约 1830—1832）

《富岳三十六景》系列

其是《神奈川冲浪里》。在《神奈川冲浪里》中，自然的力量成为画中毫无争议的焦点。一定程度上，葛饰北斋是能够将这一点跃然纸上的自然的“征服者”。他以无与伦比的绘画技巧与雅致的颜色选择方法巧

中岛蕉园（1833）
《琉球八景》系列
檀香山艺术博物馆

文化蕴涵上，都可以看出葛饰北斋对自己祖国深沉的爱以及对勤劳且会享乐的同胞深沉的爱。

说到这里，我们不得不提爱德蒙·德·龚古尔，在他1896年写下的《葛饰北斋》中对《富岳三十六景》如此评价："这一系列的风景画，以散点透视下的景色、青涩的颜色，试图接近自然、模仿自然，可谓印象派的始祖。"

异国情调、瀑布、海景与名桥

1833年，葛饰北斋出版了《琉球八景》系列版画，琉球群岛位于日本南部。葛饰北斋本人从未踏足过此地，所以这套版画必然是在参考了其他琉球风景画的前提下创作的，这也许就是为什么这一系列的版画视角看起来十分广阔而遥远的原因。葛饰北斋在创作这一系列版画的时候，加入了他的想象与一些充满异国情调的元素，又夹杂着一些超现实风格，描绘出了一幅幅带有神秘感的南方热带岛屿的雪景。几乎在同一时期（1833—1834），他还创作了《千绘之海》系列，共十幅，每幅都从不同的角度描绘了日本渔

总州铫子
（1833—1834）
《千绘之海》系列
巴黎，国立图书馆

民的生活场景。这一系列象征着葛饰北斋重拾他最关心的主题之一，即日本社会中下层人民的生活。从这些朴实的日常生活场景中，葛饰北斋汲取了无数的创作灵感。

以《诗歌写真镜》为代表的十幅版画，则是葛饰北斋用画笔结合

甲州火振（1833—1834）
《千绘之海》系列
巴黎，国立图书馆

五岛鲸突
（1833—1834）
《千绘之海》系列
巴黎，国立图书馆

了他对自然风光、本土文学和中国诗歌文学的热爱。这一系列的竖版画（尺寸约为 52cm × 23cm）被很多人认为是葛饰北斋的杰作，因为葛饰北斋为此倾注了他全部的创造力。其中每一幅作品的构图都结合了葛饰北斋艺术生涯中带有特别意义的时刻，还有些作品则体现了葛饰北斋对主题诗句的个人理解。在一幅以李白（约 700—762）的诗句为主题创作的版画中，葛饰北斋想象着这位诗人小酌之后，立于瀑布边，在吟诗兴起时似要跳入瀑布的景象。李白旁边还有两个童子，忙上前去阻

下总登户（1833—1834）
《千绘之海》系列
巴黎，国立图书馆

拦，以防主人不慎落水。在葛饰北斋看来，此诗可以被解读为：诗人欲以自绝这一方式与自然合为一体。

瀑布又是同时期（1833—1834）葛饰北斋创作的《诸国瀑布揽胜》系列的主题。像《琉球八景》系列一样，由于这些地方大多处于关东

李白观瀑图（1833—1834）
《诗歌写真镜》
檀香山艺术博物馆

苏东坡（1833—1834）
《诗歌写真镜》
檀香山艺术博物馆

春道列树（1833—1834）
《诗歌写真镜》
檀香山艺术博物馆

相州大山瀑布（1833—1834）
《诸国瀑布揽胜》系列
檀香山艺术博物馆

东都永田町瀑布（1833—1834）
《诸国瀑布揽胜》系列
檀香山艺术博物馆

与近畿地区，他不可能亲身游历每一个所画下的美景，因此另一个可信度更高的解释是，“画狂人”利用前人留下的文字资料和他丰富的想象力创作了这一系列。

在日本传统文化中，瀑布等自然景观往往被赋予庄严与神秘的色彩，正如葛饰北斋笔下所描绘的那样，出于一种对自然的崇拜，这种虔诚来自古老的神道——一种从远古的日本相传至今的宗教，也就是日本的传统宗教，主张泛灵论（万物有灵），这一概念烙印在每一个日本人的基因中，葛饰北斋也不例外。尽管大部分日本人是佛教徒（包括葛饰北斋在内），或者信仰其他宗教，但对这一概念并不排斥。

美浓国养老瀑布
（1833—1834）
《诸国瀑布揽胜》系列
檀香山艺术博物馆

木曾路之奥阿弥陀瀑布（左）
木曾海道小野瀑布（右）
（1833—1834）
整体及局部
《诸国瀑布揽胜》系列
檀香山艺术博物馆

东海道驿站坂下瀑布

（1833—1834）

《诸国瀑布揽胜》系列

檀香山艺术博物馆

和州吉野源义经马洗瀑布

（1833—1834）

《诸国瀑布揽胜》系列

檀香山艺术博物馆

条与色彩。每幅画的色彩搭配都十分协调，这也是日本艺术的突出特点之一。在不使用阴影的前提下，画面也具有独特的层次感，这种构图上的独特景深，正是由不同色调、线条间的平衡搭配带来的。

葛饰北斋喜欢赐予他的画以生命，这一点也许与他信仰佛教有关，而且这生命是他笔下所勾勒出的人、动物、自然所共有的。相信读者们可以看出，尽管葛饰北斋只画了花草的上半部分，却犹如人的半身像一般（具有生命力的整体性）。就像《富岳三十六景》一样，葛饰北斋的花鸟画也很快传入西方，这些来自神秘而遥远的东方的美术品，对当时的西方画坛有着难以言喻的吸引力。

绣球花和燕
（1833—1834）
《大判花鸟画》
科隆，普弗勒收藏

左起：垂樱山鹊；翡翠、鸢尾草和瞿麦（1834）
《小判花鸟画》
纽约，檀香山艺术博物馆

左起：芍药和金丝雀；子规和杜鹃花（1834）
《小判花鸟画》
巴黎，吉美国立亚洲艺术博物馆

伯劳、翠雀、虎耳草和蛇莓（1834）
《小判花鸟画》
柏林，国家博物馆，普鲁士文化遗产基金会－东亚艺术博物馆

长春花和黄鸟（1834）
《小判花鸟画》
柏林，国家博物馆，普鲁士文化遗产基金会－东亚艺术博物馆

小蓟和伯劳（1834）▶
《小判花鸟画》
柏林，国家博物馆，普鲁士文化遗产基金会－东亚艺术博物馆

小薊

◀ **大凤凰图**（1842—1845）
局部
岩松院，小布施町

1834—1849 画狂老人

万字时期

1834年，75岁高龄的葛饰北斋选择放弃他的“为一”一名，就像曾经的无数次改名一样，意味着他的绘画生涯将要进入一个新的阶段。此时的他取名“卍”（也就是“万”字），这个名字陪他度过了人生的最后篇章。

同年，画狂老人出版了《富岳百景》的第一册、第二册与第三册分别在1835年和1849年出版。《富岳百景》的前两册可称得上是不容置疑的杰作，其过人之处不仅在于葛饰北斋一贯精湛的绘画技巧，还在于印刷上对作品百分之百的诠释。这要归功于当时印刷技术之完善，虽然仅使用了黑、白及各种深浅的灰这三种颜色，却给画面带来了与之前彩色印刷相媲美的层次感与完整感。不过第三册的质量就不如前两册了，尤其在雕刻这一环节，水平明显次于前两册。另外，从第三册的构图上也能明显看出绘画者的犹豫和不确定性，因此很多研究学者认为第三册不是葛饰北斋本人所作，而是由他人拼凑而成。

因此，《富岳百景》前两册对研究葛饰北斋艺术风格具有很高的学术价值。一般情况下，所有的草图

登龙的富士（1834—1835）

《富岳百景》系列

千叶市美术馆

木枯的富士

（1834—1835）

《富岳百景》系列

木枯的富士

（1834—1835）

《富岳百景》系列

笠与富士

（1834—1835）

《富岳百景》系列

都会在版画印刷的同时被销毁，但此版画大量的创作草图人们却有幸保存至今，尤其是第二册的草图，这些草图可以帮助人们理解大师构思时的用心。第一册开篇页尾就印有题署“画狂老人卍”，以简单的几个字表明了他的艺术理想。即使已步入朝杖之年且名扬天下，对画狂老人来说，生命的这最后十五年并不是安度享年，反而比过去更加的痛苦。

如前文所述，葛饰北斋晚年的生活十分困苦，身边仅有爱女葛饰应为相伴。此外，由于有一个不成器的孙子欠下许多债务，导致画狂老人深受债主们的迫害。终于，忍无可忍的老人在 1834 年决定搬到浦贺的三浦海岸，距东京 50 公里左

笠与富士
（1834—1835）
《富岳百景》系列

右。导致葛饰北斋这种自我放逐的另一个间接成因是当时江户的大饥荒。1837年饥荒状况加重，灾难性的饥荒让所有人都处在水深火热之中。葛饰北斋也在生存的边缘挣扎，就像在他和一些出版商及朋友的往来书信中所写的那样，为了勉强维持生活，他甚至在路边向路人廉价出售自己的画稿。

在饥荒的重压下，日本的出版业自然也受到不小的打击，像葛饰北斋这样已经举国闻名的画师的出版量也纷纷减少。19世纪40年代中期，他作品的出版量明显大幅下降，仅有在1834年至1835年间出版的《胜景奇览》，和1835年至1836年间出版的《百人一首乳母绘说》，这两套彩色版画是他整个天保荒年间的例外。

七桥一览的富士

（1834—1835）

《富岳百景》系列

七桥一览的富士

（1834—1835）

《富岳百景》系列

骤雨的富士

（1834—1835）

《富岳百景》系列

骤雨的富士

（1834—1835）

《富岳百景》系列

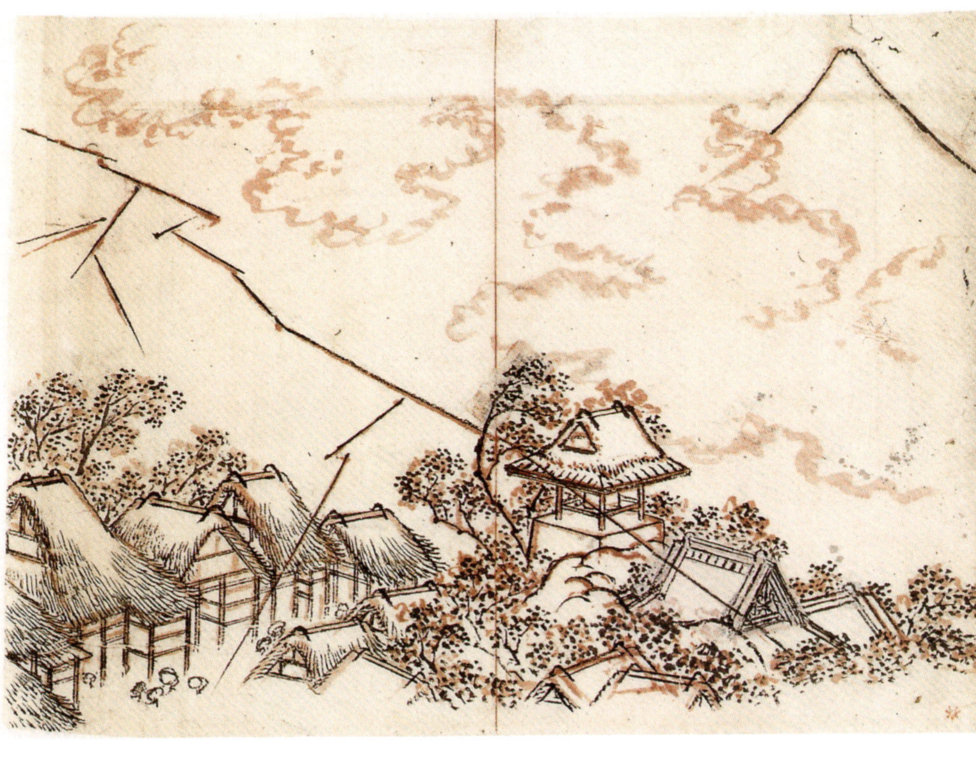

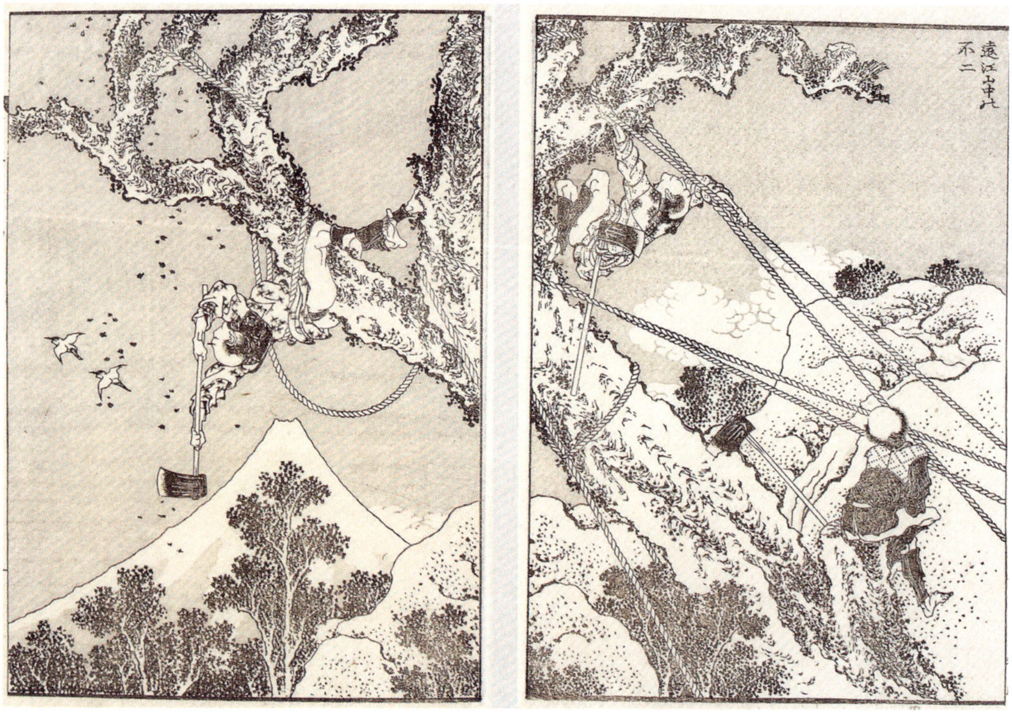

远江山中的富士

（1834—1835）

《富岳百景》系列

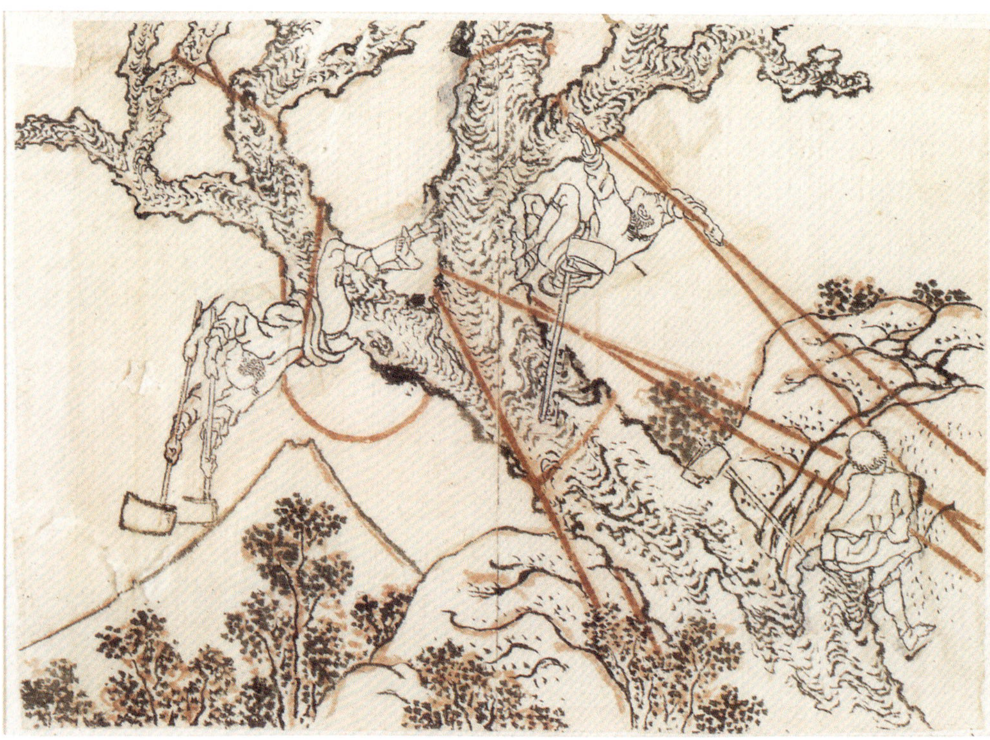

远江山中的富士

（1834—1835）

《富岳百景》系列

文人与富士

（1834—1835）

《富岳百景》系列

文人与富士

（1834—1835）

《富岳百景》系列

相州袖浦（约 1834）
《胜景奇览》
千叶市美术馆

《胜景奇览》经常被看作是葛饰北斋对于风景画理论研究的实践，这一套作品使用了少见的硬质的团扇骨做画框。在《百人一首乳母绘说》的彩印版画中，我们可以很容易地看出葛饰北斋在其中倾注了整个艺术生涯最后的心血。

在不到五年的时间里，“画狂人”创作和出版了他一生中最为知名的风景画。他风景画的杰出构图能力、高超的绘画技巧以及对色彩的独特感知，在日后让他赢得了全世界的认可，只可惜他在生前没能享受到这些。葛饰北斋晚年的作品对 18 世纪后半叶欧洲画家的影响不容小觑。

信州诹访湖（约 1834）
《胜景奇览》
檀香山艺术博物馆

百人一首

《百人一首乳母绘说》的灵感来自于藤原定家于1235年选辑的和歌集《百人一首》，它在日本是家喻户晓的作品，从江户时代中期开始盛行的歌牌游戏“百人一首”就得名于此。歌牌游戏是日本正月时，人们通常会聚在一起玩的一种纸牌游戏，参与者需要接咏唱者念出的提示（和歌的上半部）找出相对应的诗牌（和歌的下半部），歌牌可用纸牌，也可用贝壳。一般来说，牌的一面印有诗歌，另一面印有作者的肖像，而这些肖像画一般是由画坛大家来完成的。

葛饰北斋为《百人一首乳母绘说》创作了百幅作品，这些作品并没有被全部出版。其中五幅由西村屋与八出版，二十三幅交由伊势

源宗于朝臣
（1835—1836）
《百人一首乳母绘说》
伦敦，大英博物馆

三十郎出版，及剩下的约六十二幅没有出版的作品中，从这些作品中我们可以大致推测出葛饰北斋的完整构思。他的百幅画作没有被完整出版的另一个原因是，当时名气日增的歌川广重，造成了出版人伊势三十郎对老一辈画师葛饰北斋信心不足。从构图上说，《百人一首乳母绘说》自然不是照搬原诗，而是画狂老人对诗文各个意象的理解、自主诠释与重塑。

藤原义孝
（1835—1836）
《百人一首乳母绘说》
伦敦，大英博物馆

道因法师（1835—1836）
《百人一首乳母绘说》
帕萨迪纳，亚太平洋博物馆

事实上，有的作品主题与诗文内容相差甚远，比如葛饰北斋笔下诠释的藤原义孝的诗，这首置于公共浴场的诗，在葛饰北斋创作的画中透露着宁静哀伤的气息，与原诗所表达的充满情爱色彩的主题毫无关系。有趣的是，在《百人一首乳母绘说》的所有作品中，诗文部分都被葛饰北斋放在了画面的角落位置。

以武士和英雄为主题的版画

76岁后，葛饰北斋虽不再创作彩色版画，仍与出版商合作出版了一些其他类型的作品。约在1835年，他完成了为一套描述中国与日本著名勇士之书的四册插图。接下来的一年，他分别出版了其中的前两册《和汉绘本魁》与《绘本武藏镫》。在“画狂人”辞世以后，即1850年，第三册《绘本和汉誉》出版。但是，第四册《和汉绘本葛饰》却从未有面世的机会。纽约的大都会艺术博物馆收藏有原本被认为已经遗失的葛饰北斋创作该套书时的草图，共二十五幅。这四册主题迥异、出版于不同年份的绘本，其实可以组成一套不折不扣的英雄四部曲。

北斋曾在《和汉绘本魁》的序中写下对接下来三本画册的构思，直接证明了四部曲一说。事实上，葛饰北斋在与出版商的交涉中，提到过想要为四本画册统一标题，虽然这一想法并没有实现。在这篇旨在推广该书的序中，他还写道，为想要模画此书的年轻人着想，他并不想在这一套书中使用过于繁复的绘画技巧。

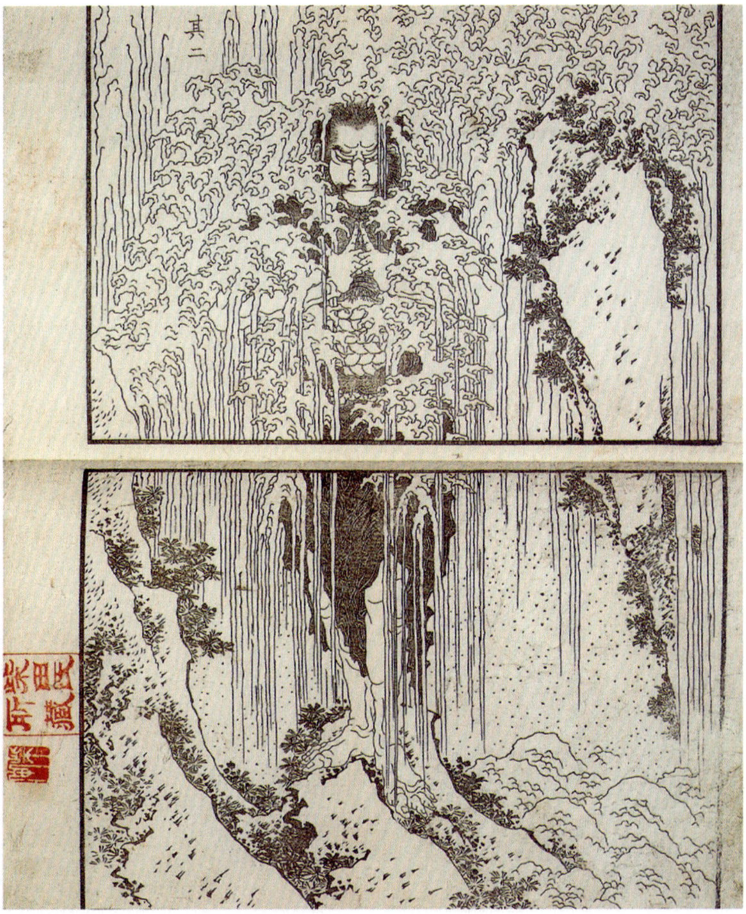

《和汉绘本魁》插图（1836）
伦敦，大英博物馆

事实上，“画狂人”为这四册书所作的英雄绘的构图，简洁却不简单。他巧妙地表现了武士们在坚硬的铠甲下身体受束缚的特殊动态，不管是面部表情，还是身体姿态上的各种细节处理都十分完整，连最细微的地方都没有被他遗忘。值得一提的是，这些作品仍明显地带有他初出茅庐时在胜川派所作役者绘的痕迹。

1836 年春，尽管江户正饱受饥荒折磨，葛饰北斋还是毅然决定回到江户，他亲身经历了痛苦与饥饿的考验。1839 年，一场大火席卷了

《绘本武藏镫》插图（1836）
伦敦，大英博物馆

楠木正成在最后的夜色中杀死怪物的一幕（1835—1836）

《和汉绘本葛饰》

纽约，大都会艺术博物馆

村上彦四郎义照（在与倒地的敌人战斗的场景）（1835—1836）
《和汉绘本葛饰》
纽约，大都会艺术博物馆

江户城，画狂老人的家也未能幸免，连他几十年来一直珍藏在身边的无数画作也被大火吞噬，他只得保住自己的画笔——他最为珍惜的画具，也是他能继续实验与创作的唯一物质保障。另一方面，失去房子对于葛饰北斋来说，并不是悲剧性的损失，他一生本就居无定所，甚至还因为懒得打扫房屋搬过不少次家。

在他艺术生涯的最后几年，也

就是 80 岁到 90 岁的这几年，他将所有的精力投入到绘画之中，放弃了为印刷出版而创作的版画。感受到大限将至的葛饰北斋，希望能在他所剩无几的日子中成为一个“真正的画师”，就像他在这一段时间里经常感叹的那样。19 世纪 40 年代，画狂老人经常与女儿葛饰应为去小布施町拜访诗人高井鸿山，因此，这个时期他的大部分作品也正是在此地所作。在他晚年作于小布施町的作品中，有五幅屋台天井绘值得我们探究一下，其中有龙图、凤凰图，还有两幅被他命名为《男浪》《女浪》的怒涛图。

平亲王将门战死沙场（1835—1836）
《和汉绘本葛饰》
纽约，大都会艺术博物馆

尾形三郎惟义与菊地次郎高直（1835—1836）
《和汉绘本葛饰》
纽约，大都会艺术博物馆

如果说葛饰北斋在晚年对绘龙的热情是因为他本人的属相为龙，那么，他此时对凤凰迷恋的原因就难以知晓了。在1842年至1845年间，他在小布施町岩松院所作的《大凤凰图》中，凤凰除了面部表情有明显的动人心弦的葛饰北斋式拟人手法之外，还有协调的色彩搭配，给这幅尺寸二十一叠草席大的天棚画带来搪瓷般的质感，这也是葛饰北斋晚年绘画的一大特点。除了龙与凤凰之外，画狂老人在晚年还画下多幅中华狮子图。狮子在中国传统神话中是吉祥的灵兽。据说，在

朝日奈游览鬼岛（1835—1836）
《和汉绘本葛饰》
纽约，大都会艺术博物馆

1842年至1844年间，画狂老人每日画一狮，这成为他每天清晨起床后必做的功课，他把这叫作“日新除魔”（有“每日的驱魔功课”之意），由此他坚持每日画狮的目的也就显而易见了。

尽管年事已高的葛饰北斋行动

十分不便，创作的脚步却丝毫没有放慢。他在完成的最后几幅画作，《灵巧的猴子吃偷来的桃子》上题字“龄九十岁，画狂老人卍笔”，在《雪中虎》中也题了内容相似的字，并署名月份“虎月”，即死亡降临的三个月前。在生命最后的日子里，他留下了人生最后一本画册《绘本彩色通》。

山田平太种长杀死山中巨型蚺蛇（1835—1836）
《和汉绘本葛饰》
纽约，大都会艺术博物馆

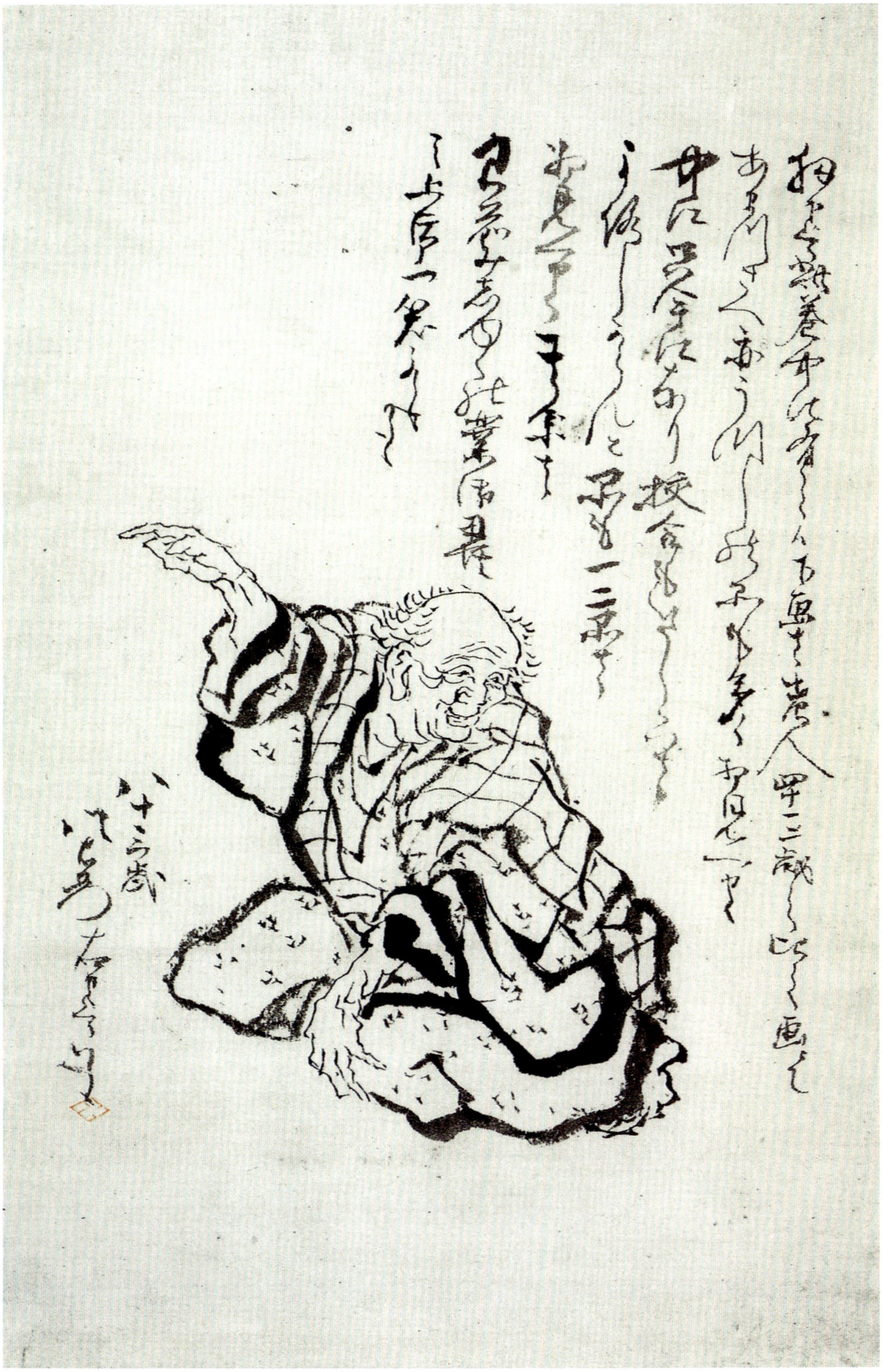

八十三岁自画像

（1842）

莱顿，国立民族学博物馆

中国狮子（1843）
二月廿八日

从左起：中国舞狮
（1843）
六月二日

中国狮子（1843）
十月十日
小布施町，小布施町美术馆

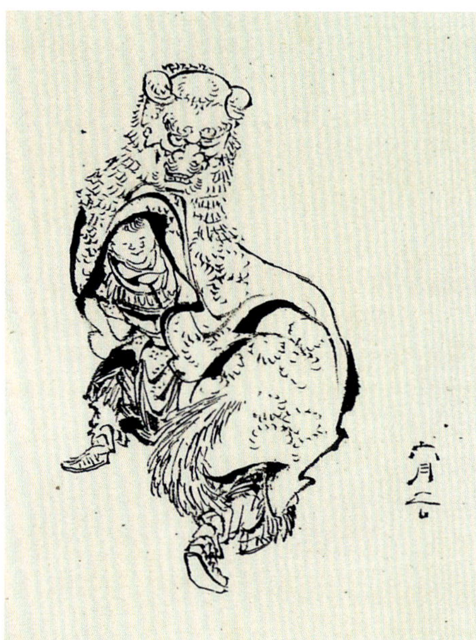

雪中虎（1849）

灵巧的猴子吃偷来的桃子（1848）

灵巧的猴子吃偷来的桃子（1848）局部

《绘本彩色通》原计划共出版三册，不过只有其中两册在1848年出版，第三册一直没能面世，此时的葛饰北斋已经88岁高龄。这本画册中的文字比图画要丰富，因为“画狂老人”在此揭晓了他绘画的秘诀、色彩的合成以及用笔的方法。这本书明确是为绘画初学者和年轻人而作，所以他选择了价格较为亲民的装订形式。

《绘本彩色通》图文并茂，主旨在于帮助初学者理解和学习绘画。其扉页上有一幅十分著名的画，画中年轻的葛饰北斋手脚并用拿着四支画笔，口中还叼着一支。没有任何一幅画比这幅画更能表达葛饰北斋为艺术鞠躬尽瘁的心了。他的生活就是创作，创作就是他的生活。

大凤凰图（1842—1845）
岩松院，小布施町

这甚至让他在外人眼中被认为是“走火入魔”，就像他在最后的作品中写的那样：“到了 90 岁，我希望我能让自己的绘画更上一层楼，百岁以后，我仍渴望寻找新的艺术之路。希望有读者能有幸长命百岁，见证我实现自己的理想。”

冨嶽三十六景
神奈川沖
浪裏

◀ **神奈川冲浪里**（约 1830—1832）
局部
《富岳三十六景》系列

葛饰北斋在欧洲的成功

对西方画坛的影响

19 世纪后半叶对欧洲的艺术史来说，有着十分重要的意义。新兴的许多所谓“先锋”的艺术流派以创新的姿态在这一时期诞生，它们反对主流古典的学院派艺术陈腐的理念与法则。不仅是画家，连装饰艺术家、手工艺术者、雕刻家，甚至陶瓷业与纺织业从业者以及其他艺术领域都渴望着改变，一种从风格到创作方式的改变。在美术领域，印象派的诞生——其中以爱德华·马奈、克劳德·莫奈、埃德加·德加、詹姆斯·惠斯勒、皮埃尔·奥古斯特·雷诺阿等为代表的初代艺术家和以文森特·凡·高、亨利·德·图卢兹–洛特雷克、保罗·西涅克、保罗·高更等为代表的后印象派画家——掀起了影响整个欧洲艺术界的新浪潮。这些艺术家的作品对于欧洲艺术史来说有着革命性的意义，它们诞生的背景十分复杂，然而其中有一个必然因素是不可否认的：在西方世界向东方扩张的同时，东方艺术逐渐展现在欧洲面前，尤其是日本艺术。

这些来自遥远东方的艺术让欧洲艺术家们为之倾倒。于是，他们尝试将这些东方元素融入自己的作品中去，还有人从中汲取创作的灵感。尤其是彩色浮世绘版画，从技法与路数上，颠覆了欧洲画家的创作理念。从版画中与欧洲传统的焦点透视、敏感对照法背道而驰的“平面式”散点透视的写意式风格，到木版印刷对于色彩的大胆选用，还有画师的题字署名。除此之外，一些制作上的细节也令欧洲艺术家们充满兴趣，如画面的不同规格、精美的画框等。

葛饰北斋可以说是在欧洲最负盛名的日本艺术家。西方的画家在他的作品中不但能找到那些对他们来说是东方艺术的新奇元素，还有葛饰北斋个人作为“画狂人”的感染力与鬼才之魅力。于是，这股来自日本的清流就这样在欧洲艺术领域掀起了巨浪。

各种鸟儿（1815）
《北斋漫画》，第三册

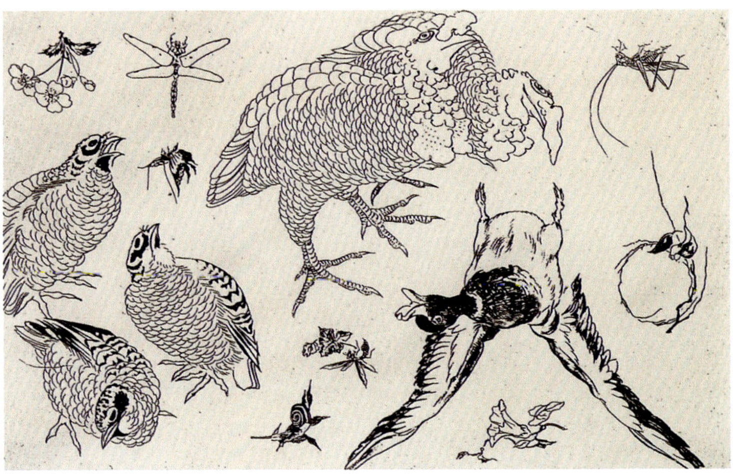

展翅的鸭子与鹌鹑（1866）
局部
菲利克斯·布拉克蒙，伍斯特学院

奴仆之舞（1815）

《北斋漫画》，第三册

正在练习的芭蕾舞女（约 1887）

埃德加・德加

纽约，大都会艺术博物馆

做各种动作的人（1819）
《北斋漫画》，第八册

大胆的构图、画面主角失落的姿态与神态，“画狂人”的这些独特风格元素被欧洲艺术家以及手工业者以近乎虔诚的态度频繁使用着。由于他绘画主题的多元化以及他本人特立独行的处事风格，“葛饰北斋”这个名字与无数奇说怪谈联系在了一起。某种程度上，“画狂人”在欧洲的形象被神化了，他不属于任何流派，不受任何人的控制，是日本艺术界的一朵奇葩。埃德加·德加曾说：“葛饰北斋不仅是描绘飘零尘世之万物的画师，也是一座孤岛，一块陆地，属于他自己的世界。”如果我们观察德加的芭蕾舞者系列（约作于 1887 年），就不难发现他对人体构造以及动态的渲染显露了当时日本肖像画的某些手法。还有，如果将德加的芭蕾舞女与《北斋漫画》第三册的《奴仆之舞》对比，尤其是图中右下方小人的动作，会发现有很多相似之处。

另一位崇拜葛饰北斋的法国艺术家就是克劳德·莫奈了，他自称是“葛饰北斋忠实的对手”。因此他将 1867 年所作的《圣阿德雷斯的露台》定义为“挂着法国国旗的日本画”也就显得不那么古怪了。我们可以从《圣阿德雷斯的露台》中明显地找到葛饰北斋《富岳三十六景》系列的《五百罗汉寺荣螺堂》的影子，二者不单在构图上有相似之处。另外，想必莫奈也理解了葛饰北斋即使将自然风景置于次要地位仍可抓住最深处的灵魂这一点。这位法

珍妮·阿弗莉（1893）
亨利·德·图卢兹洛特雷克
巴黎，法国国家图书馆

国画家与葛饰北斋的“第一次相遇”还是在荷兰的一家杂货店。这家老板惯用印有浮世绘版画的纸包装商品，莫奈当时还抱怨用这些日本制造的薄而精巧的纸来包装食品实在是太过浪费。1876年莫奈创作的《穿和服的女子》（现藏于美国波士顿美术馆），画中他的夫人卡米尔身着红色和服，手拿折扇。实际上，在那个年代日本艺术所涉及的主题以及风格已经在欧洲广泛地流行起来，不只限于艺术界，而是涉及西方社会的各个方面。有人将19世纪中期欧洲掀起的这股和服热潮定义为“日本主义”运动。

1854年，日本群岛在美国舰队的武力威胁之下被强行打开国门，也正因此，许多日本生产的物品渐渐流入欧洲。早在1856年至1857年间，菲利克斯·布拉克蒙就得到了《北斋漫画》的其中一册，于是他便开始研究和模仿里面的画，并开始为“卢梭系列餐具”的装饰细节做准备。这套餐具日后的成功也为葛饰北斋赢得了无数赞赏。

1868年，日本废除幕府将军制，将一切权力重归天皇，结束了长达近两个世纪的闭关锁国政策。日本开始参加由世界上不同城市举办的世博会，“日本馆”开始渐渐吸引着越来越多的参观者，日本得以在世博会上充分展现自己。来自远东的工艺美术品让欧洲人耳目一新，并在展览上大受欢迎，销售一空，同时各种以日本艺术为主题的展览也

五百罗汉寺荣螺堂
（约 1830—1832）
局部，《富岳三十六景》系列

让西方了解到了日本艺术的美。

欧洲的日本艺术品收藏家大部分是艺术家、知识分子，如凡·高与他的弟弟提奥就曾在巴黎铃鼓咖啡馆展出过他们收集的版画。这位荷兰画家曾经多次表示他对日本艺术的爱，尤其是其中的浮世绘版画。凡·高除了临摹过葛饰北斋的画作之外，还直接将它们作为自己肖像画的背景。因此，日本对于凡·高来说是神秘的，在他的心中，日本是一个理想化的国度，在那片土地上，阳光明媚，慷慨的大自然带来无限的生机与灵感。1888 年，凡·高在普罗旺斯的阿尔勒给弟弟提奥的一封信中写道："要说留在南方……的理由的话，我们就来看看日本美术在这里有多受欢迎。这里所有的印象派画家都有一个共同点，就是多少都受到日本的影响。已经没必要去日本了……我想要继续留在这里一段时间，你会懂的。因为我的眼睛变了，我有幸用一只眼睛以日本的视角看事物，感受不同的色彩。”

对日本抱有同等狂热兴趣的还有亨利·德·图卢兹洛特雷克。这位法国后印象派画家还留着身着和服的照片，他的多幅海报设计作品中都带有明显的日本绘画风格。其中，他画中的许多人物似乎都是直

圣阿德雷斯的露台（1867）
局部，克劳德·莫奈
纽约，大都会艺术博物馆

壁虎与胡蜂（约 1880）
爱德华·马奈
巴黎，卢浮宫博物馆

接从《北斋漫画》中照搬过来的，另外，亨利对于颜色的使用也借鉴了浮世绘的风格，仅使用很少的颜色，每一种颜色也可以变换出不同的层次，并将颜色填充于线条明确的范围之内。

此外，亨利·德·图卢兹洛特雷克还通晓木版印刷，对日本版画艺术十分了解，为日本艺术在欧洲的传播做出了巨大的贡献。19 世纪末，他参与了许多以日本文化艺术为主题的杂志的出版和发行，其

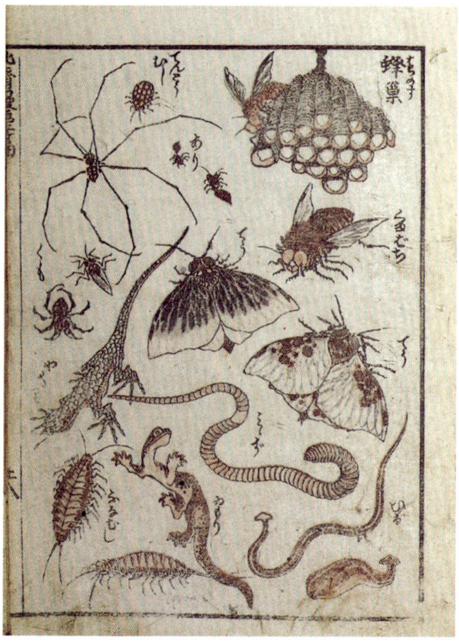

昆虫与爬行动物
（1815）
《北斋漫画》，第二册

竹林与富士
（1834—1835）
《富岳百景》系列

竹林纹路的花瓶
（1878）
巴卡拉玻璃工艺品
巴黎，巴卡拉水晶博物馆

同僚中还有著名的艺术品经销商西格弗莱德·萨姆埃尔·宾、路易斯·更斯以及上文曾提到过的爱德蒙·德·龚古尔——曾在1896年为“画狂人”写下《葛饰北斋》的法国小说家。

19世纪的后几年，葛饰北斋和他的艺术作品在西方世界被推上巅峰。这位日本艺术家被视为人类表达艺术的风向标，超越了时间的维度，也超越了地理上的局限，成了不朽的丰碑。

大事年表

年份	葛饰北斋生平大事记	历史同期大事记
1760	生于江户本所（今东京东郊）。	/
1765	/	铃木春信首次出版多色印刷版画。
1775	开始在雕师的作坊干活。	/
1778	进入胜川春章画室。胜川春章是当时日本役者绘的集大成者。	/
1779	首次使用“春朗”一名签署画作。在整个18世纪80年代，创作多幅役者绘和书籍插图。	/
1787	/	司马江汉在日本首次出版前所未有的铜版画。
1790	/	喜多川歌麿作为日本知名的浮世绘美人画师，处于他艺术生涯的鼎盛时期。
1791	开始和茑屋重三郎合作出版作品。	幕府下令严格控制每幅版画，要求作者必须署名。
1792	/	葛饰北斋的第一任老师胜川春章离世。
1794	/	传说中神秘的东洲斋写乐所作役者绘半身像大获成功。
1795	放弃“胜川春朗”一名，在继承琳派画室后改名“宗理”。这一阶段，作品以接受文人雅士委托而作的摺物和绘历为主。	/
1796	首次使用“北斋”一名。	/
1797	/	著名出版人茑屋重三郎辞世。
1798	正式告别琳派画室，同时放弃了“宗理”一名。从这一年后，其作品几乎全部以“北斋”署名。	/
1804	在一张一百二十叠敷的纸（200平方米左右）上，作出巨型的《达摩（禅宗祖师）图》，这件事发生在江户郊区的护国寺庭院中。同年，他受邀为幕府大将军作画。	/
1805	开始与作家曲亭马琴合作，为小说画插图。	
1806	/	喜多川歌麿逝世。
1810	开始为自己的画作署名“戴斗”，偶尔使用“北斋”之名，两名并用了五年之久。	/
1812	在门人兼资助者牧墨仙的帮助下去了名古屋。	/
1814	出版《北斋漫画》第一册。	歌川国芳与歌川国贞两位画师初出茅庐。

年份	葛饰北斋生平大事记	历史同期大事记
1815	/	鸟居清长去世。 菊川英山与溪斋英泉的美人绘十分受欢迎。
1817	在名古屋再次作下巨型《达摩祖师图》，这次的《达摩祖师图》被出版。	/
1820	改号“为一”。在接下来的十年中，将大量精力投入在私人委托的创作上。	/
1825	/	歌川丰国离世。
1830	出版著名的《富岳三十六景》。	歌川国贞在接下来的十年中在役者绘的领域十分出众，而歌川国芳则专注于历史主题的创作。
1833	出版《千绘之海》《琉球八景》《诸国瀑布揽胜》《大判花鸟画》《诗歌写真镜》系列版画。	歌川广重出版著名的《东海道五十三次》，在风景版画的成就上可与葛饰北斋相媲美。
1834	出版《诸国名桥奇览》《小判花鸟画》以及《富岳百景》的第一册。为了躲避不孝孙子的债主们，搬至浦贺的三浦海岸，改名“卍”，这个名字一直陪伴他到生命的结束。	/
1835	出版《富岳百景》的第二册以及《百人一首乳母绘说》系列。	/
1836—1838	最终回到了江户。此时的他穷困潦倒，向路人廉价出售自己的作品。	整个日本在天保饥馑的折磨之下不堪重负，1837年灾情最为惨重，出版业也深受打击。
1839	一场大火席卷江户，烧毁了葛饰北斋的家，将许多他常年带在身边的画作化为灰烬。	/
1840—1845	曾多次去小布施町的学生、文人高井鸿山家拜访。因此他在这个长野附近的小城中创作一些作品，目前保存于此地的葛饰北斋美术馆中。	/
1842—1843	每日画一狮，作为清晨的“驱魔功课”。在这一阶段，他几乎不再创作版画，把全部的精力投入在了绘画上。	对于浮世绘版画，尤其是役者绘的审查制度愈发严格。
1848	出版了最后的作品《绘本彩色通》，一本专为绘画初学者而作的教学性绘本。	艾森去世。
1849	日本历四月十八日，葛饰北斋在江户浅草的誓教寺去世。	/
1853	/	美国将军佩里率领舰队驶入江户（今东京）湾，在武力威胁下，日本长达两个世纪的闭锁状态告一段落。

人名及作品索引

参考书目

MONOGRAFIE E CATALOGHI DI MOSTRE:

F. V. Dickins, *Fugaku Hiyakukei, or a Hundred Views of Fuji*, London 1880; K. Iijima, *Katsushika Hokusai den (Biografia di Katsushika Hokusai)*, 2 voll., Tokyo 1893; E. de Gouncourt, *Hokusaï*, Paris 1896; M. Revon, *Étude sur Hok'sai*, Paris 1896; E. Fenollosa, *Catalogue of the Exhibition of Paintings of Hokusai Held at the Japan Fine Art Association (Uyeno Park, Tokyo, from 13th to 30th January 1900)*, Tokyo 1901; F. Perzynski, *Hokusai*, Bielefeld-Lipsia 1908; H. Focillon, *Hokusaï*, Paris 1914 (tradotto da G. Guglielmi nel catalogo della mostra Hokusai, Bologna 1992); B. Gray (a cura di), *The Work of Hokusai: Woodblocks, Illustrated Books, Drawings and Paintings. A Catalogue of an Exhibition Held on the Occasion of the Centenary of his Death*, London 1948; J. Hillier, *Hokusai. Paintings, Drawings and Woodcuts*, London-New York 1955; J. Hloucha, *Hokusai. The Man Mad-on-Drawing*, Praga 1955; *Katsushika Hokusai ten*, Tokyo 1955; J. A. Michener (a cura di), *The Hokusai Sketchbooks; Selections from the Manga*, Tokyo 1958; H. P. Stern, *Hokusai: Paintings and Drawings*, Washington 1960; J. Hillier, *Hokusai Drawings*, London 1966; *Hokusaiten*, Tokyo 1967; J. Hillier, *The Art of Hokusai in Book Illustration*, London-Berkeley-Los Angeles 1980; T. Bowie, *The Drawings of Hokusai*, Bloomington (Indiana) 1964; B. G. Voronova, *Katsushika Hokusai*, Mosca 1975; G. Peternolli, *La fortuna critica di Hokusai in Francia nel xix secolo*, in "Paragone", XXVII, 1976, 315, pp. 48-72; G. C. Calza, *Hokusai. Le cento vedute del Fuji*, Milano 1982; C. Van Rappard-Boon (a cura di), *Hokusai and His School. Japanese Prints c. 1800-1840. Catalogue of the Collection of Japanese prints, Part III*, Amsterdam 1982; N. Tsuji, *Hokusai*, 1982; S. Nagata (a cura di), *Katsushika Hokusai*, Tokyo 1984; M. Forrer-E. De Goncourt, *Hokusai*, Milano 1988; P. Morse, *Hokusai. One Hundred Poets*, New York 1989; T. Clark, *Paintings by Hokusai in the British Museum*, in "Orientations", XXI, 1990, 8, pp. 37-44; S. Nagata, *Hokusai bijutsukan*, 5 voll., Tokyo 1990; M. Forrer, *Hokusai. Prints and Drawings*, London 1991; R. Lane, *Hokusai. Vita e opere*, Milano 1991; G. C. Calza (a cura di), *Hokusai Paintings. Selected Essays*, Venezia 1994; M. Forrer, *Hokusai. Bridging East and West*, 1998. Si vuole infine porre un accento particolare sul catalogo della mostra di G. C. Calza (a cura di), *Hokusai. Il vecchio pazzo per la pittura*, Milano 1999 (ed. inglese: *Hokusai*, London 2003) che ha costituito la fonte primaria per questo lavoro.

Sul Giapponismo:

S. Wichmann, *Giapponismo. Oriente-Europa: contatti nell'arte del XIX e XX secolo*, Milano 1981 (ed. originale: Herrsching 1980); G. Lacombre, *Le japonisme*, Paris 1988; C. van Rappard-Boon-W. van Gulik-K. van Bremen-Ito, *Catalogue of the Van Gogh Museum's collection of Japanese prints*, Amsterdam 1991; G. Mori, *Impressionismo, Van Gogh e il Giappone*, Dossier Art n. 149, Firenze 1999.

Sull'ukiyo-e:

L. Binyon-J. J. O'Brien Sexton, *Japanese Color Prints*, London 1923; R. Lane, *Masters of the Japanese Prints; Their World and their Work*, London 1962; G. C. Calza, *Le stampe del Mondo Fluttuante. Mostra sulla silografia giapponese. Secoli xvii-xix*, Milano 1976; L. Bernabò Brea-E. Kondo, *Stampe e pittura. L'ukiyo-e dagli inizi a Shunshō* Genova 1978; R. Lane, *Images from the Floating World. The Japanese Prints, Including an Illustrated Dictionary of Ukiyo-e*, New York-Oxford-London 1978; M. Fagioli, *Shunga. Stampe erotiche giapponesi*, Firenze 1990; J. Hillier, *Japanese Colour prints*, London 1991; M. Forrer, *The Baur Collection. Geneve: Japanese Prints*, 2 voll., Genève 1994; G. C. Calza (a cura di), *Ukiyo-e il mondo fluttuante*, Milano 2004.

[Il poeta] Abe no Nakamaro, particolare, della serie **Cento poesie per cento poeti in racconti illustrati della balia** (1835-1836), Honolulu Academy of Arts.

REFERENZE FOTOGRAFICHE